基礎から身につく

所 得 税

小田 満著

- 定額減税を確定申告で受ける
  多様なケースについて解説！
- 確定申告書の記載例も掲載！

令 和
6
年度版

一般財団法人 大蔵財務協会

は　じ　め　に

　税金の種類としては、所得税や法人税、相続税、贈与税、消費税、酒税などいろいろあり、いずれも私たちの日常生活と密接な関係を持っています。最近では消費税の税率引上げに伴い、税収全体に占める消費税のウエイトが非常に大きくなってきましたが、所得税や法人税は、基幹税といわれるように税制の中核をなすものといえます。

　なかでも所得税は、個人個人がそれぞれの所得の金額の大きさに応じて納める税金であり、しかも、納税者の皆さんが自分で申告し納税するというたてまえになっていますので、その内容や仕組みを納税者の皆さんに広く理解していただくことが必要であると思われます。

　しかし、現在の税法は、経済や社会事情の複雑化につれて、かなり難解なものとなっておりますので、納税者の皆さんにとっては、税金の計算や申告書の記載もなかなか容易ではないというのが実情であるように思われます。

　そこで、本書では、所得税についての基本的な仕組みを理解していただけるように、全体の構成や説明ぶりを工夫して、わかりやすく書かれています。納税者の皆さんのご理解の一助となれば幸いです。

　なお、令和6年度版では、令和6年の税制改正により、令和6年分の1年限りの特別減税（**定額減税**）の特例が創設されたことに伴い、その特例の概要及び確定申告によってこの特例の適用を受ける多様なケースについて新たに章立てして解説するとともに、確定申告書の記載例を掲載しています。

　令和6年5月

　　　　　　　　　　　　　　　　　小　田　　満

凡　　例

● **本書の利用上の特色**

　税制改正事項で、令和6年から適用される主な事項については、本文中「●」を付して、改正事項を記載し、「┄┄┄」で囲っています。また、すでに税制改正された事項で、令和7年以後に適用される主な事項についても、同様の表示をしています。

◆ 目 次 ◆

1 所得税とはどんな税金か

―〔ポイント〕――

- 現在の我が国の租税体系は、所得税・法人税を基幹とした、直接税中心の構造になっています。

- 所得税は、それぞれ計算した各種所得を総合し、総合した所得の大きさに応じ超過累進税率を適用して計算します。この税率を適用する際に、総合した所得から所定の金額（扶養控除などの所得控除額）を控除することになっています。

- 所得税は、納税者が自主的に1年間に得た所得金額と税額を正しく計算して税務署に申告し、納税する申告納税制度を採っています。

- 所得税は原則として個人にかかりますが、居住者、非永住者、非居住者のいずれに当たるかによって、課税される所得の範囲に違いがあります。

1 所得税とは

（1）所得税を中心とする税体系

　現在の我が国の租税体系は、所得税や法人税を基幹とし、これに相続税、贈与税などの財産税、消費税、酒税、揮発油税等の間接税、登録免許税などの流通税、更に、住民税（道府県民税及び市町村民税）、事業税、固定資産税等の地方税をもって補完する体系になっています。

（2）所得税は所得に課税

　所得税は、個人の１年間に得た所得に対し課される税金です。

　この場合の「所得」とは、金銭等の収入から、その収入を得るための支出を差し引いた差額をいいます。その所得の金額の計算方法は、それぞれの所得の種類によって異なります。その計算方法については、50頁の第５章において所得の種類別に説明します。

　私たちは、会社に勤めて給料をもらったり、商売によって得た利益あるいは不動産を貸し付けて利益があったときなどには、所得税を納める必要があります。所得税は、担税力を直接に表す所得に課されるものですから、各人の得た所得の大きさに応じた負担をする税金として、応能負担の原則にかなった税金であるといえます。

（3）所得の総合と超過累進税率

　所得税は、原則として１年間に得た各種の所得を総合し、総合した所得の金額の大きさに応じた**超過累進税率**（139頁参照）を適用して計算します。これを**総合課税**といいます。この場合、各人の社会保険料負担や多額な医療費の支出など各人の個人的事情を考慮するために、社会保険料控除、医療費控除、扶養控除などの**所得控除額**を、総合した所得の金額から控除することになっています。

　このように所得税は、①所得の総合課税　②超過累進税率の適用　③個人的事情の配慮を柱とするので、所得税は、最も「負担の公平」にかなった税金であるといわれています。

　なお、所得を総合して課税する方式の例外として、**申告分離課税**や**源泉分離課税**の方式も採用されていますが、これらの場合には所得の金額の大きさにかかわらず一定率による**比例税率**（退職所得と山林所得は超過累

進税率）が適用されます。

（4）申告納税制度

　所得税は、その年の1月1日から12月31日までの間に得た所得を総合し、それを翌年の**確定申告の期間**（翌年の2月16日から3月15日までの間）に税務署へ申告し、納税する仕組みになっています。すなわち、所得税は、納税者が自主的に所得金額や税額を正しく計算して、申告し納税する申告納税制度を採っています。

　所得税の納付は、確定申告の際に行うのが原則ですが、それ以前に年2回の**予定納税**によって納付するとか、あるいは支払の際に**源泉徴収**によって納付する方法も採られています。これは、確定申告時に一時に多額の税額を納付することは、①納税者にとって非常に負担となる、②国としては歳入を平準化する必要がある、③所得の発生の都度、それに応じて納税するのが理想であるなどの理由から、予定納税の方法と可能な限り源泉徴収の制度が採り入れられています。したがって、予定納税及び源泉徴収による納税額がある場合には、確定申告により、その年分の所得税額を精算し、確定申告により納付すべき税額を確定することになります。

　なお、(3)の源泉分離課税の場合は、源泉徴収だけで課税関係が終了します。

2　所得税のかかる人（納税義務者）

　所得税は、原則として個人にかかりますが、居住者、非永住者、非居住者のいずれに当たるかによって、課税される所得の範囲に違いがあります。また、法人の支払う所得税もありますが、これは、特別の場合を

除き法人税の前払です。

（1）居住者

　国内に住所を有し、又は現在まで引き続いて１年以上居所を有する個人を居住者といいます。居住者のうち次の(2)の非永住者以外の人は、すべての所得、つまり日本国内において生ずる所得のほか外国で生ずる所得についても、所得税を納める義務があります（法２①三、７①一）。

（2）非永住者

　居住者のうち、日本の国籍を有しておらず、かつ、過去10年以内において国内に住所又は居所を有していた期間の合計が５年以下である個人を非永住者といいます。

　非永住者は、国外源泉所得以外の所得及び国外源泉所得のうち日本国内で支払われ、又は日本国内に送金されたものについて所得税を納める義務があります（法２①四、７①二）。

（3）非居住者

　国内に住所又は１年以上居所を有しない個人を非居住者といいます。非居住者は、日本国内に源泉がある所得について所得税を納める義務があります（法２①五、７①三）。

（4）内国法人

　日本国内に本店や主たる事務所がある法人（内国法人）は、国内において内国法人課税所得の支払を受けるとき又はその引受けを行う法人課税信託の信託財産に帰せられる外国法人課税所得の支払を受けるときは、

所得税を納める義務があります（法2①六、7①四、174）。

（5）外国法人

　内国法人以外の法人（外国法人）は、外国法人課税所得の支払を受けるとき又はその引受けを行う法人課税信託の信託財産に帰せられる内国法人課税所得の支払を国内において受けるときは、所得税を納める義務があります（法2①七、7①五、178）。

2 所得の種類にはどんなものがあるか

〔ポイント〕

● 所得税では、所得の生ずる形態により所得を次の10種類に分類しています。

① 利子所得とは、公債や社債、預貯金の利子、合同運用信託や公社債投資信託、公募公社債等運用投資信託の収益の分配などから生ずる所得をいいます。

② 配当所得とは、法人から受ける剰余金の配当、利益の配当、投資信託（公社債投資信託や公募公社債等運用投資信託を除きます。）や特定受益証券発行信託の収益の分配などから生ずる所得をいいます。

③ 不動産所得とは、土地や建物、不動産の上に存する権利、船舶、航空機の貸付けから生ずる所得をいいます。

④ 事業所得とは、商・工業、農業、漁業、自由業などいわゆる自営業から生ずる所得をいいます。

⑤ 給与所得とは、給料、賃金、賞与やこれらの性質を有する給与に係る所得をいいます。

⑥ 退職所得とは、退職手当や一時恩給その他退職により一時に受ける給与などの所得をいいます。

⑦ 山林所得とは、5年を超える期間所有していた山林を伐採したり、立木のまま譲渡することによって生じた所得をいいます。

⑧ 譲渡所得とは、土地や建物、株式、車両などの資産を譲

　渡したり交換したことにより生ずる所得をいいます。

⑨　一時所得とは、懸賞の賞金、生命保険契約等に基づく一時金や借家人がもらう立退料など労務その他の役務又は資産の譲渡の対価としての性質をもたない、一時的に生ずる所得をいいます。

⑩　雑所得とは、上記利子所得から一時所得までの9種類の所得のいずれにも該当しない所得をいいます。

1　所得の種類

　所得の生ずる形態は、多種多様で、例えば、資産の運用による所得（預貯金の利子、株式の配当金など）、勤労による所得、事業経営による所得、土地などの資産の譲渡による所得などがあります。

　所得税では、それぞれの所得の生ずる形態に応じて担税力に差異があることを考慮して、それぞれに最も適した所得金額の計算を行い、その所得に応じた課税を行うために、所得を次に掲げる10種類に分類しています（法23～35）。

　　①利子所得　②配当所得　③不動産所得　④事業所得　⑤給与所得
　　⑥退職所得　⑦山林所得　⑧譲渡所得　⑨一時所得　⑩雑所得

2　所得の内容

（1）利子所得とは

①　公債、社債、預貯金の利子

②　合同運用信託（貸付信託や指定金銭信託）の収益の分配

③　公社債投資信託、公募公社債等運用投資信託の収益の分配

などから生ずる所得です（法23①、措4の4①）。

　なお、知人や会社に対する貸付金の利子は、雑所得等になります。

（2）配当所得とは

①　法人から受ける剰余金の配当（私募公社債等運用投資信託の収益の分配
　　及び社債的受益権の収益の分配に係るものを含みます。）、利益の配当、剰余
　　金の分配、投資法人の金銭の分配、基金利息

②　投資信託（公社債投資信託及び公募公社債等運用投資信託を除きます。）の
　　収益の分配

③　特定受益証券発行信託の収益の分配

などから生ずる所得です（法24①）。

　特殊なものとして、法人の解散による残余財産の分配として交付される金銭などについては、「みなし配当等」とされるものがあります（法25）。

（3）不動産所得とは

①　土地や建物等の不動産の貸付け

②　地上権や永小作権等の不動産の上に存する権利の貸付け

③　船舶や航空機の貸付け

から生ずる所得です（法26①）。

　広告板やネオン・サインを設置するために、土地、建物の一部を利用させる場合に受け取る使用料も不動産所得になります。しかし、機械器具、自動車、特許権、漁業権といった不動産や不動産の上に存する権利以外のものの貸付けによって得た所得は、不動産所得でなく事業所得又

は雑所得となります。

　アパート、下宿等を経営している場合、貸室（間）のみで、食事を供さない場合は不動産所得となりますが、貸室（間）と同時に食事を供する場合は事業所得又は雑所得となります。

　自動車を保管する場所として建物や空地などを一定期間貸し付けることにより受け取る使用料による所得は、原則として不動産所得になりますが、いわゆる駐車場業のように自動車を一時的に預かって管理することにより受け取る駐車料、保管料などによる所得は事業所得又は雑所得になります。

　土地を貸し付けるときや借地権を転貸するときに一時に受け取る権利金や頭金は、不動産所得の収入金額になります。しかし、この一時に受け取る権利金や頭金が、土地や借地権又は地役権の価額の2分の1（地下鉄敷設の場合の契約のように、借地権又は地役権の設定が地下又は空間について上下の範囲を定めたものであるときは4分の1）を超える場合などは、その権利金などは不動産所得ではなく譲渡所得になります。この場合に、土地や借地権の価額が不明のときなどは、借地権等の対価として受取った額がその地代の年額の20倍以下の場合には譲渡所得ではなく、不動産所得となります（法33①、令79）。

（4）事業所得とは

　卸・小売業、飲食業、製造業、建設業、運輸業、サービス業等といった営業を行っている人や、医師・弁護士のような自由業を行っている人、又は農業、漁業を行っている人のその営業などから生じた所得を事業所得といいます（法27①、令63）。

　このほか、農事組合法人や漁業生産組合から支払を受ける従事分量分

配金、協同組合等から支払を受ける事業分量配当は事業所得として取り扱われます（令62②）。

（5）給与所得とは

① 俸給、給料、賃金、歳費、賞与

② これらの性質を有する給与

などの受取によって得た所得です（法28①）。金銭で受領しないで、例えば商品等の現物を支給されるいわゆる現物給与も給与所得となります。

（6）退職所得とは

退職に際し勤務先から受ける退職手当や一時恩給その他退職により一時に受ける給与などの所得です（法30①）。

厚生年金保険法、船員保険法、各種共済組合法、国民年金法などの社会保険制度に基づいて支払を受ける退職一時金などは、退職した勤務先から支給されるものではありませんが、過去の勤務に基づいて一時的に支給される点では一般の退職金と同じですから退職所得として取り扱われます（法31）。

（7）山林所得とは

山林所得とは、山林を伐採して譲渡したり、あるいは、立木のまま譲渡することにより生じた所得です（法32①）。

ただし、山林を取得してから5年以内に伐採又は譲渡した場合は、山林所得でなく事業所得又は雑所得となります（法32②）。また、山林を山ごと譲渡する場合には、山林だけの部分を山林所得となり、土地の部分は譲渡所得となります。

（8）譲渡所得とは

　土地、借地権、家屋、車両など資産を譲渡したり、交換したことなどにより生ずる所得です（法33①）。

　次のような場合の所得も譲渡所得とされます。

①　資産を贈与（法人に対するものに限ります。）又は相続（限定承認に係るものに限ります。）若しくは遺贈（法人に対するもの及び個人に対する包括遺贈のうち限定承認に係るものに限ります。）した場合

②　資産が競売又は公売に付された場合

③　土地、建物などが収用された場合

④　資産を法人に現物出資した場合

⑤　土地を貸し付けるときや借地権を転貸するときに一時に受け取る権利金や頭金が、土地や借地権又は地役権の価額の２分の１（地下鉄敷設の場合の契約のように、借地権又は地役権の設定が地下又は空間について上下の範囲を定めたものであるときは４分の１）を超える場合など（8 頁の(3)参照）

⑥　契約又は事業の遂行によって資産が消滅したことに伴い補償金を受ける場合（令95）

　また、有価証券の譲渡による所得や、ゴルフ会員権などの権利の譲渡による所得、生活用動産のうち貴金属や書画、骨とうなどで１個又は１組の価額が30万円を超えるものの譲渡による所得も、譲渡所得となります。

　しかし、次の資産の譲渡による所得は譲渡所得ではなく、不動産所得、山林所得、雑所得又は事業所得となります（法33②、令81）。

㋑　不動産所得、山林所得又は雑所得を生ずべき業務に関する棚卸資産に準ずる資産（貯蔵中の消耗品など）

㋺　減価償却資産（固定資産のうち減価償却の対象となる資産）で、使用可能期間が１年未満であるもの又は取得価額が10万円未満であって業務の

— 11 —

性質上基本的に重要でないもの。

(ハ) 減価償却資産（固定資産のうち減価償却の対象となる資産）で、一括償却資産として３年間で均等償却することを選択したものであって業務の性質上基本的に重要でないもの。

　譲渡所得は、短期譲渡所得と長期譲渡所得に分けられます。短期譲渡所得は、その資産を取得してから５年以内に譲渡した場合の所得であり、また、長期譲渡所得は５年を超える期間所有していた資産を譲渡して得た所得です。

　ただし、土地や借地権等又は建物やその附属設備若しくは構築物については、その年の１月１日において所有期間が５年を超えるものを譲渡した場合は長期譲渡所得となり、それ以外の譲渡は短期譲渡所得となります（法33③、措31①、32①）。

（9）一時所得とは

　懸賞の賞金、福引の当せん金品、借家人が受け取る立退料、遺失物の拾得による報労金、生命保険契約や損害保険契約の満期返戻金などのように

① 営利を目的とする継続的な行為から生じたものでない所得

② 労務その他の役務又は資産の譲渡の対価の性質をもたない所得

③ 一時的に生ずる所得

は、原則として一時所得となります（法34①）。

　したがって、例えば、法人から贈与を受けた金品でも業務に関して受け取るものや労務等の対価として受けるものは事業所得や雑所得になりますが、業務に関して受けたものではなく、かつ、一時的で労務等の対価でもないものは一時所得となります。

（10）雑所得とは

　以上の9種類の所得のいずれにも該当しない所得は、雑所得となります（法35①）。

　雑所得には、次のようなものがあります。

① 　非営業用貸金の利子

② 　著述家、作家等以外の人が受ける原稿料、印税、講演料、放送謝金

③ 　生命保険契約、損害保険契約に基づく年金（一時に受け取るものは一時所得）

④ 　機械、器具、自動車、特許権、漁業権などの賃貸料（ただし、事業として行うものは事業所得となります。）

⑤ 　厚生年金保険法、船員保険法、各種共済組合法、国民年金法などの社会保険制度に基づいて支給される公的年金等（傷病者の恩給や遺族年金などは、非課税とされており所得税は課税されません。）

（11）各種所得の特色

　以上のように、所得は、その発生原因などによって10種類に分類されています。

　これらの所得のうち、利子・配当・不動産・事業・給与の各所得は、毎年継続的に得られる所得といえます。

　退職・山林・譲渡・一時などの各所得は、臨時的、偶発的な所得ということができます。退職・山林・譲渡の各所得は、その所得を得るためには長い年月を要し、一時所得は、偶発的な原因によって得られます。

　したがって、所得税では、これらの所得の担税力に応じた公平な課税を行うため、所得金額の計算や課税の方法を各所得ごとに定めています。

〔ポイント〕

● 　利子所得や配当所得、給与所得、退職所得などについては、支払をする者が、その支払の際に一定率の所得税を差し引いてあらかじめ納める源泉徴収制度を採っています。

● 　所得税は、すべての所得を総合して税額計算するのが原則です（総合課税）。しかし、預貯金等に係る利子所得のように原則として源泉分離課税となるものと、土地・建物等の譲渡所得等、株式等に係る譲渡所得等、先物取引に係る雑所得等、退職所得、山林所得のように申告分離課税となるものがあります。

※全体像は22頁参照。

1　源泉徴収の行われる所得

　10種類の所得のうち、利子所得・配当所得・給与所得・退職所得の各所得や一部の事業所得・譲渡所得・一時所得・雑所得については、支払の際に、その支払者が所得税を差し引いてあらかじめ所得税を納める源泉徴収制度が採られています。

　この場合、その支払を受ける時に源泉徴収された所得税の額は、通常、確定申告によって精算する必要があります。

　ただし、次の(1)及び(3)の所得については、原則として源泉徴収のみで課税が完結し、確定申告をすることができないことになっています。こ

れを**源泉分離課税**といいます。また、次の(4)の配当所得のうち、私募の公社債等運用投資信託の収益の分配及び私募の社債的受益権の収益の分配に係る配当等についても、源泉分離課税とされています（措8の2、8の3）。

なお、平成23年12月の税制改正により創設された「**復興特別所得税**」は、所得税額に2.1％を乗じて計算することとされています。この復興特別所得税の課税期間は、平成25年から令和19年までの25年間です。源泉徴収の際も同じで、源泉徴収税率適用後の税額に2.1％を乗じて源泉徴収特別税額の計算をすることになります。

（1）利子所得

利子所得については、原則として利子の支払の際、所得税15％、住民税5％の税率により源泉徴収の上、源泉分離課税とされます（法182、措3、3の3）。ただし、公募上場等の公社債等（公社債等には、公社債投資信託等を含みます。以下同じです。）に係る利子所得は、所得税15％、住民税5％の税率による源泉徴収の上、申告分離課税の対象とされます（措3、8の4）。

なお、私募非上場等の公社債等の利子で、その利子の支払法人の特定の同族株主等が支払を受けるもの（同族会社の非支配法人である同族会社から支払を受ける一定のものを含みます。）は、総合課税の対象となります。公社債等の利子のうち源泉徴収の規定が適用されないものや日本国外の銀行等に預けた預金の利子なども、総合課税となります。

また、利子のうち非課税になっているものについては所得税の源泉徴収は行われませんし、確定申告をする必要もありません。

　注　同族会社の非支配法人である同族会社から支払を受ける少人数私

募債（私募非上場の社債）の利子や償還金については、総合課税の対象とすることとされます。これを簡単に図示すると、次のようになります。

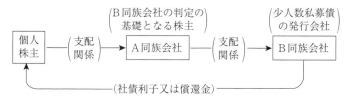

　上記のＡ同族会社は、上記の個人株主（特殊関係個人を含みます。）と特殊の関係にある法人で、この場合の「特殊の関係にある法人」とは、次に掲げる法人をいいます。

イ　個人株主が法人を支配している場合における当該法人

ロ　個人株主及びイの法人が他の法人を支配している場合における当該他の法人

ハ　個人株主及びイ又はロの法人が他の法人を支配している場合における当該他の法人

　なお、「支配している場合」とは、原則として、発行済株式の総数の50％を超える数を有する場合をいいます。

（2）割引債の償還差益

　割引債の償還差益については、償還時に、所得税15％、住民税５％の税率による源泉徴収の上、公社債等の譲渡所得等に係る収入金額とみなして、申告分離課税の対象とされます（措37の10、37の11、41の12）。

　なお、私募非上場等の割引債の償還金で、その償還金の支払法人の特定の同族株主等が交付を受けるもの（同族会社の非支配法人である同族会社から支払を受けるものを含みます。）については、総合課税の対象となります（措37の10）。

（3）定期積金の給付補てん金など

　定期積金の給付補てん金等、抵当証券の利益、いわゆる外貨投資口座

の為替差益等、貴金属等の売戻し条件付売買の利益（いわゆる金貯蓄口座の利益など）、一時払養老保険・一時払損害保険等の差益（保険期間が5年以下のもの及び保険期間が5年を超えるもので保険期間等の初日から5年以内に解約されたものに基づく差益）については、所得税15％、住民税5％の税率による源泉徴収の上、源泉分離課税とされます（措41の10）。

（4）配当所得

　公募上場等の株式等（株式等には、株式投資信託等を含みます。以下同じです。）の配当等（大口株主等が支払を受けるものを除きます。）については、所得税15％、住民税5％の税率による源泉徴収の上、総合課税又は申告分離課税（私募の公社債等運用投資信託及び私募の社債的受益権の収益の分配に係る配当等は源泉分離課税）の対象とされます（法182、措8の2、8の3、8の4、9の3）。

　また、公募上場等の株式等の配当等で大口株主等が支払を受けるもの及び私募非上場等の株式等の配当等については、所得税20％の税率による源泉徴収の上、総合課税の対象とされます。

注　「**大口株主等**」とは、その配当等の支払基準日においてその内国法人の発行済株式（投資法人にあっては、発行済みの投資口）又は出資の総数又は総額の3％以上に相当する数又は金額の株式（投資口を含みます。）又は出資を有する個人をいいます（措8の4①）。
　　なお、その内国法人の株式等のその人の保有割合が3％未満である場合であっても、「その人が支配する同族会社」（例えば、資産管理会社などの同族会社）が保有する当該内国法人の株式等を合わせると、その保有割合が3％以上となるときには、その3％未満である保有株式等に係る配当等についても総合課税の対象とされます。この場合、自社の株式等の保有割合が1％以上の個人に対して、配当等の支払をする内国法人は、その個人の氏名等を記載した報告書を税務署に提出しなければならないこととされています（措法8の4⑨）。

（5）源泉徴収選択口座内公募上場等の公社債株式等に係る譲渡所得等

　証券会社等に設定した源泉徴収選択口座（25頁参照）を設定している場合におけるその口座内の公募上場等の公社債株式等に係る譲渡所得等については、所得税15％、住民税5％の税率により源泉徴収の上、申告分離課税の対象とされます（措37の11の4）。

（6）事業所得、譲渡所得、一時所得、雑所得などのうち所定の所得

① 　原稿、さし絵、作曲、レコード吹込、デザイン、脚本、脚色、翻訳、通訳、校正、書籍の装てい、速記、版下、雑誌・広告などの印刷物に掲載するための写真の報酬、放送謝金、著作権、工業所有権の使用料及び講演料、技芸・スポーツ・知識等の教授・指導料など……所得税10％（同一人に対し1回に支払われる金額が100万円を超える場合は、100万円を超える部分の金額について20％）（法204①一、205一、令320①）

② 　弁護士、公認会計士、税理士、社会保険労務士、弁理士、測量士、建築士、不動産鑑定士、技術士などが受ける業務に関する報酬又は料金……所得税10％（同一人に対し1回に支払われる金額が100万円を超える場合は100万円を超える部分の金額について20％）（法204①二、205一、令320②）

③ 　司法書士、土地家屋調査士、海事代理士が受ける業務に関する報酬又は料金（1人1回の支払につき10,000円を控除します。）……所得税10％（法204①二、205二、令322）

④ 　医師などが受ける社会保険診療報酬（1月の支払につき20万円を控除します。）……所得税10％（法204①三、205二、令322、措26）

⑤ 　職業野球の選手、プロサッカーの選手、プロテニスの選手、プロレスラー、プロゴルファー、競馬の騎手、モデル、自動車のレーサー、自転車競技の選手、小型自動車競走の選手、モーターボート競走の選

手の業務に関する報酬又は料金……所得税10％（同一人に対し１回に支払われる金額が100万円を超える場合は、100万円を超える部分の金額について20％）（法204①四、205一、令320③）

⑥　職業拳闘家の業務に関する報酬又は料金（１人１回の支払につき５万円を控除します。）……所得税10％（法204①四、205二、令322）

⑦　外交員、集金人、電力量計の検針人の業務に関する報酬又は料金（１月の支払につき12万円（ただし、別に給与を支払う場合は、12万円からその月中の給与の額を控除した金額）を控除します。）……所得税10％（法204①四、205二、令322）

⑧　映画、演劇等の出演、演出又は企画の報酬又は料金、映画、演劇の俳優、映画監督、楽士、落語家などのその事業に係る報酬又は料金……所得税10％（同一人に対し１回に支払われる金額が100万円を超える場合は、100万円を超える部分の金額について20％）（法204①五、205一、令320④⑤）

⑨　キャバレー、ナイトクラブ、バーのホステス、バンケットホステス、コンパニオンなどが受ける報酬又は料金（１人１回の支払につきその支払金額の計算期間の日数に5,000円を乗じた金額を控除します。）……所得税10％（法204①六、②三、③、205二、令322）

⑩　職業野球の選手などが一定の者に専属して役務を提供する契約により受ける契約金……所得税10％（同一人に対し１回に支払われる金額が100万円を超える場合は、100万円を超える部分の金額について20％）（法204①七、205一、令320⑥）

⑪　公的年金等（年金等の額から一定額を控除した残額）……所得税10％（法203の２～203の５）

⑫　生命保険契約等に基づき支給される年金（年金額からそれに対する掛金を控除した残額が25万円を超える場合に限り、その残額）……所得税10％（法

207〜209、令326)

⑬　匿名組合契約などの利益分配……所得税20％（法210、211）

⑭　馬主が受ける競馬の賞金（賞金の20％と60万円を加えた金額を控除します。）……所得税10％（法204①八、205二、令320⑦、322）

⑮　広告宣伝のための賞金（1回に支払われる金額から50万円を控除した残額）……所得税10％（法204①八、205二、令320⑦、322）

⑯　民法組合等の組合員である非居住者又は外国法人（外国組合員）が受ける利益分配……所得税20％（法212）

（7）給与所得

　給与所得については、その給与の支払のつど給与所得の源泉徴収税額表により所得税が源泉徴収されます（法183①）。

　給与所得者は、給与の支払を受けるとき源泉徴収の方法で所得税を納付していますが、この納付はあくまでその月における予定計算による納付であり、また、扶養親族の異動等の所得控除の状況の変化による調整措置が必要となります。このため、その年の最終の給与の支払を受けるときにこの調整（**年末調整**）を行います（法190）。

　この年末調整によって、税金を納め過ぎている人には還付され、不足している人は追加して税金を納付することになります。しかしながら、年末調整による還付あるいは納付といっても、現金の授受があるわけではなく、年末調整時の給料や賞与から源泉徴収される金額が増加、減少するということになります（法191、192）。

　この結果、年末調整を受けた給与所得以外の所得がない人は、原則としてその年末調整により所得税の課税は完結し、確定申告を行う必要はありません。なお、その年中の給与等の収入金額が2,000万円を超える

人についてはこの年末調整は行わず、確定申告をすることになっています（172頁参照）。

（8）退職所得

退職所得については、次のように源泉徴収が行われます（法199）。

① 「退職所得の受給に関する申告書」を提出している場合……退職所得控除後の金額の2分の1の金額を基にして所得税の超過累進税率を適用（法201①）。

なお、特定役員退職手当等及び短期退職手当等については、2分の1課税の軽減措置の対象から除外され（89頁参照）、源泉徴収の際にも2分の1課税の対象外とされています。

② 「退職所得の受給に関する申告書」を提出していない場合……支給額に対し所得税20％の税率を適用（法201③）。

2 総合課税を行う所得

所得税では、10種類に区分して計算した各種所得の金額を合計し、超過累進税率を適用して税額を計算して確定申告によりその税金を納める総合課税が原則です。上記1により源泉徴収された所得税についても確定申告によって精算するのが原則です。

しかし、その例外として、次の3の分離課税となる所得及び31頁の4の申告不要を選択することができる所得があります。また、33頁の5の所得税のかからない所得もあります。これらの関係を図示すると次頁の図表のようになります。

〔各種所得の課税制度の概要〕

所得の区分		確定申告の要否等
① 総合課税の所得（超過累進税率）	下記以外の事業所得、不動産所得、給与所得、雑所得など	要申告
	公募上場等の公社債株式等に係る配当所得以外の配当所得（②及び③のうち総合課税となるものを含む。）	要申告
		少額配当等は申告不要の選択可
② 申告分離課税の所得（比例税率又は超過累進税率）	公募上場等の公社債等に係る利子所得	要申告
		申告不要の選択可
	公募上場等の株式等に係る配当所得 （特定上場株式等に係るものは総合課税の選択可。大口株主等がその内国法人から支払を受けるものは総合課税）	要申告
		申告不要の選択可
	公社債株式等に係る譲渡所得等（特定の同族株主等の償還金は総合課税。16頁の(2)参照）	要申告
		源泉徴収選択口座は申告不要の選択可
	先物取引に係る雑所得等 （FXの利益を含む。）	要申告
	土地等に係る事業所得等	要申告
	土地建物等に係る譲渡所得	要申告
	退職所得	原則として申告不要
	山林所得	要申告
③ 源泉分離課税の所得（比例税率）	預貯金の利子	申告不可
	私募非上場等の公社債等に係る利子所得（特定の同族株主等の利子は総合課税。15頁の(1)参照）	申告不可
	定期積金の給付補てん金など	申告不可
④ 所得税がかからない所得	非課税所得 （遺族年金、非課税口座等に係る所得など）	申告不要
	免税所得 （肉用牛の売却による農業所得）	要申告

3　分離課税となる所得

　分離課税の方式には、源泉分離課税と申告分離課税があります。**源泉分離課税**の場合には、確定申告をすることはできません。**申告分離課税**の場合には、原則として確定申告をすることになります。

（1）利子所得、割引債の償還差益、定期積金の給付補てん金など

　これらの所得については、上記14頁の1で述べたように**源泉分離課税**又は**申告分離課税**の対象とされていますが、総合課税の対象となるものもあります。

（2）公募上場等の株式等に係る配当所得

　公募上場等の特定の株式等の配当等に係る配当所得については、納税者の選択により**総合課税**と**申告分離課税**のいずれかを選択適用できることになっています（措8の4）。

　なお、公募上場等の株式等の配当等を申告する場合には、その申告する公募上場等の株式等の配当等のすべてについて総合課税と申告分離課税のいずれか一方を選択しなければならないこととされています（措8の4①②）。

（3）公社債株式等に係る譲渡所得等

イ　公募上場等の公社債株式等及びそれ以外の公社債株式等に係る譲渡所得等の区分計算

　公社債株式等の譲渡による事業所得、譲渡所得及び雑所得については、原則として**申告分離課税**とされており、公募上場等の公社債株式等に該

当するものとそれ以外の公社債株式等に該当するものに区分して、それ
ぞれ計算した所得金額に対して、所得税15％、住民税５％の税率により
課税されます（措37の10、37の11）。

　ただし、特定の同族株主等が支払を受ける償還金（同族会社の非支配法
人である同族会社から支払を受けるものを含みます。15頁の 注 参照）について
は、総合課税の対象となります。

　なお、土地等に類する株式等の譲渡益は、土地等に準じて**申告分離課
税**の所得として課税されます（措32②）。

　また、ゴルフ会員権に類する株式等の譲渡益などは、**総合課税**の所得
として課税されます（措37の10②、37の16、41の12）。

ロ　特定口座内公募上場等の公社債株式等の譲渡等に係る所得計算等の特例

　金融商品取引業者、登録金融機関又は投資信託委託会社（金融商品取引
業者等といいます。）に**特定口座**（一の金融商品取引業者等につき一口座に限りま
す。）を設定している人が、その特定口座を通じて取得等をした公募上
場等の公社債株式等で上場株式等保管委託契約等に基づき振替口座簿に
記載・記録又は保管の委託がされているものを譲渡（信用取引又は発行日
取引に係る公募上場等の公社債株式等の譲渡を含みます。）した場合には、金融
商品取引業者等が、その口座内の公社債株式等の譲渡損益だけをその他
の公社債株式等の譲渡損益と区分して計算し、その口座内の年間取引の
収支明細書（**特定口座年間取引報告書**）を金融商品取引業者等において作
成して顧客に送付することになっています（措37の11の３）。

　顧客は、この明細書を確定申告書に添付することになっているので、
特定口座を設定した場合には、顧客は、確定申告のために面倒な収支計
算をしなくても済むメリットがあります。

なお、金融商品取引業者等に対し、特定口座源泉徴収選択届出書の提出をした特定口座（**源泉徴収選択口座**といいます。）を設定している場合には、その口座内の公社債株式等の譲渡による所得について金融商品取引業者等があらかじめ所得税15％、住民税５％の税率で源泉徴収をすることになっています（措37の11の４）。この場合において、その口座内に公社債株式等に係る譲渡損失の金額があるときは、その口座内の利子配当等について徴収して納付すべき所得税の額は、その年中の源泉徴収選択口座内の利子配当等の総額とその公社債株式等に係る譲渡損失の金額との間で損益通算をした残額に対して源泉徴収税率を乗じて計算した金額とすることとされています。

ハ　その他の主な特例

公社債株式等に係る譲渡所得等については、次のような特例があります。

①　国外転出又は非居住者に贈与等をする場合のみなし譲渡所得等の課税の特例（26頁の(4)参照）

②　非課税口座内の少額上場株式等に係る配当所得及び譲渡所得等の非課税の特例（36頁の**6**参照）

③　特定口座内株式などが公募上場等の公社債株式等に該当しなくなった場合の特例（措37の11の２）

④　特定中小会社が発行した株式に係る特例（エンジェル税制）（措37の13、37の13の３、41－19)

⑤　スタートアップへの資金提供のために保有株式を譲渡した場合の課税の特例（措37の13の２）

⑥　ストックオプションの行使による経済的利益の課税の特例（措29の２）

⑦　株式交付によるM＆Aの場合の課税の特例（措37の13の４）

〔株式などの譲渡損益の課税区分〕

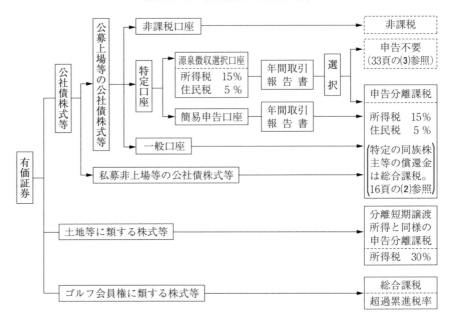

（4）国外転出又は非居住者に贈与等をする場合のみなし譲渡所得等の課税の特例

イ　特例の概要

　　国外へのいわゆる「資産フライト」の防止等を目的として、株式など
の資産が海外に移転をするなどの際に、その資産の未実現の値上り益に
対して所得税を課する特例として、「国外転出をする場合の譲渡所得等
の特例（法60の2）」及び「贈与等により非居住者に資産が移転した場合
の譲渡所得等の特例（法60の3）」が設けられています。

ロ　国外転出をする場合のみなし譲渡所得等の課税の特例

　　国外転出（国内に住所及び居所を有しないこととなることをいいます。）をす
る居住者が、有価証券若しくは匿名組合契約の出資の持分（「有価証券等」

といいます。）又は決済をしていないデリバティブ取引、信用取引若しく
は発行日取引（「未決済デリバティブ取引等」といいます。）を有する場合には、
その国外転出の時に、その有価証券等の譲渡又はその未決済デリバティ
ブ取引等の決済をしたものとみなして、事業所得の金額、譲渡所得の金
額又は雑所得の金額を計算します（法60の2①②③）。

(イ)　特例の適用対象者

　この特例の対象となる人は、次の①及び②に掲げる要件を満たす居
住者です（法60の2⑤）。

①　上記①又は②に定める金額の合計額が1億円以上である人

②　国外転出の日前10年以内に、国内に住所又は居所を有していた期
間の合計が5年超である人

(ロ)　納税の猶予

　国外転出の日の属する年分の所得税のうち、有価証券等の譲渡又は
未決済デリバティブ取引等の決済があったものとされた所得に係る部
分については、同日の属する年分の確定申告書に納税の猶予を受けよ
うとする旨を記載することにより、納税管理人の届出及び担保の提供
を条件に、国外転出の日から5年を経過する日まで、その納税が猶予
されます。納税猶予の期限は、申請により国外転出の日から10年を経
過する日までとすることができます（法137の2①②）。また、所定の場
合に該当するときには、修正申告又は更正の請求をすることになりま
す。

ハ　贈与等により非居住者に資産が移転する場合のみなし譲渡所得等の課税の特例

　居住者の有する有価証券等又は未決済デリバティブ取引等が、贈与、
相続又は遺贈により「非居住者」に移転した場合には、居住者が「国外

転出」をする場合と同様に、その贈与等の時に、その時における価額に相当する価額により、有価証券等の譲渡又は未決済デリバティブ取引等の決済があったものとみなして、事業所得の金額、譲渡所得の金額又は雑所得の金額を計算することになります（法60の3①②③⑤⑥⑦⑧）。

　この場合にも、所定の手続をすることにより、贈与等の日から5年又は10年を経過する日まで、その納税が猶予されます（法137の3①～③）。また、所定の場合に該当するときには、修正申告又は更正の請求をすることになります。

　この特例の対象となる人は、次の①及び②の要件を満たす居住者です（法60の3⑤）。

① 　贈与等の時に有している有価証券等の価額に相当する金額又は未決済デリバティブ取引等の決済に係る利益若しくは損失の額の合計額が1億円以上である人

② 　贈与等の日前10年以内に、国内に住所又は居所を有していた期間の合計が5年超である人

ニ　二重課税の調整

　我が国から出国して非居住者となった場合又は我が国に入国して居住者となった場合において、入出国先との二重課税となるときは、それぞれ調整する措置が設けられています（法60の4①～③、153の5）。

（5）先物取引に係る雑所得等

　商品や金融商品の先物取引による所得で、一定の先物取引に係るものは、「先物取引に係る雑所得等」として申告分離課税とされ（措法41の14①）、それ以外のものは総合課税の対象となります。預けた証拠金の何倍もの外貨を売買できる外国為替証拠金取引、いわゆる「ＦＸ取引」も

取引所取引と店頭取引の区別なく同様に申告分離課税の対象となります。

申告分離課税の対象となる「一定の先物取引」とは、次に掲げる先物取引の差金決済をいいます。

① 商品先物取引法に規定する「先物取引」（商品市場で行われるもの）及び「店頭商品デリバティブ取引」の決済（商品の受渡しが行われることとなるものを除きます。）。ただし、商品先物取引業者以外の者を相手方として行う店頭商品デリバティブ取引を除きます。

② 金融商品取引法に規定する「市場デリバティブ取引」及び「店頭デリバティブ取引」の決済（金融商品の受渡しが行われることとなるものを除きます。）。ただし、金融商品取引業者のうち第一種金融商品取引業を行う者又は登録金融機関以外の者を相手方として行う店頭デリバティブ取引を除きます。

③ 金融商品取引法に規定するいわゆる「カバードワラントの取得」の権利の行使（金融商品の受渡しが行われることとなるものを除きます。）、放棄又は譲渡

なお、暗号資産デリバティブ取引の差金決済に係る雑所得等については、申告分離課税の対象にはなりません。

（6）土地等に係る事業所得等

個人の不動産業者などが、その年の1月1日において所有期間が5年以下の土地又は土地の上に存する権利を譲渡した場合等の事業所得又は雑所得については、原則として他の所得と分離して、次頁の口の短期譲渡所得の申告分離課税と同様の方法で課税されます（措28の4①）。

なお、令和8年3月31日までの間にした土地等の譲渡等については、この「土地に係る事業所得等」の規定は適用されません（措28の4⑥）。

（7）土地建物等に係る譲渡所得

　土地、借地権や建物等を譲渡した場合の所得は、その所有期間によって長期譲渡所得と短期譲渡所得に分けられ、他の所得と区分して**申告分離課税**とされます（措31、32）。

　長期譲渡所得とは、その年の1月1日において所有期間が5年を超える土地、建物等を譲渡した場合の所得をいい、短期譲渡所得とは、その年の1月1日において所有期間が5年以下の土地、建物等を譲渡した場合の所得をいいます。

イ　長期譲渡所得の申告分離課税

(イ)　原則

　　その年1月1日において所有期間が5年を超える土地、建物等の譲渡をした場合、課税長期譲渡所得に対して15％の税率により所得税が課されます（措31①）。

(ロ)　優良住宅地の造成等のために土地等を譲渡した場合の課税の特例

　　優良住宅地の造成等のために土地等を譲渡した場合、令和7年12月31日までの間の譲渡については、その課税長期譲渡所得に対し2,000万円以下の部分は10％、2,000万円を超える部分は15％の税率により所得税が課されます（措31の2）。

(ハ)　所有期間が10年を超える居住用財産を譲渡した場合の特例

　　その年の1月1日において所有期間が10年を超える居住用家屋及びその敷地の譲渡をした場合、3,000万円特別控除後の課税長期譲渡所得に対して、6,000万円以下の部分は10％、6,000万円超の部分は15％の税率により所得税が課されます（措31の3）。

ロ　短期譲渡所得の申告分離課税

　その年1月1日において所有期間が5年以下の土地、建物等の譲渡を

した場合、課税短期譲渡所得に対して30％の税率により所得税が課されます（措32①、措令21）。

　なお、国や地方公共団体等に譲渡したり、収用された場合などの特定のものについては、15％の税率により所得税が課されます（措32③）。

（8）退職所得

　会社等を退職し退職金を受領するときには、超過累進税率により所得税が源泉徴収されます。退職所得は、通常は、この源泉徴収によって所得税の課税は完結し、確定申告を行う必要はありません（法121②）。

　なお、退職金の支払を受ける際に「退職所得の受給に関する申告書」を支払者に提出しなかった場合には20％の税率で源泉徴収されますので、その源泉徴収税額が、正規の方法で計算した税額より多かった場合には、確定申告をして納め過ぎの税金の還付を受けることができます（法201③、122①）。

　退職所得の源泉徴収については21頁、所得の計算については87頁参照。

（9）山林所得

　山林所得は、課税山林所得金額の５分の１に相当する金額に、超過累進税率を乗じて算出した金額を５倍して得た金額が納税額になります（141頁の(8)参照。法89①）。

4　申告不要の特例を選択することができる所得

　次に掲げる所得については、納税者の選択により確定申告をしないことができます（確定申告不要制度）。申告しないことを選択した場合には、結果として源泉分離課税と同じになります。

（1）利子所得

　内国法人等から支払を受ける公募上場等の公社債等の利子等については、一回に支払を受ける利子等ごとに、納税者の選択によって申告してもしなくてもよいことになっています（措8の5①④）。

　なお、源泉分離課税の対象となる利子所得については、確定申告をすることができません。

（2）配当所得

　次の①から⑥については、一回に支払を受ける配当等ごとに、納税者の選択によって申告してもしなくてもよいことになっています（措8の5①④）。

① 　内国法人から支払を受ける配当等（次の②から⑥までに掲げるものを除きます。）で、一回に支払を受けるべき金額が、10万円に配当計算期間の月数を乗じてこれを12で除して計算した金額以下であるもの（いわゆる少額株式等の配当等）。

② 　内国法人から支払を受ける公募上場等の株式等に係る配当等のうち、大口株主等（17頁参照）が支払を受けるもの以外のもの。

③ 　内国法人から支払を受ける公募の投資信託（特定株式投資信託は、②に含まれます。）の収益の分配に係る配当等

④ 　特定投資法人の投資口の配当等

⑤ 　公募の特定受益証券発行信託の収益の分配

⑥ 　内国法人から支払を受ける公募の特定目的信託の社債的受益権の剰余金の配当

　この確定申告不要の特例の対象となる配当等について、総合課税をした方が有利かどうかの分岐点は、課税所得の大小によります。

（3）源泉徴収選択口座内公社債株式等に係る利子・配当所得及び譲渡所得等

　源泉徴収選択口座内の利子等、配当等及び譲渡益について適用される源泉徴収税率と確定申告の際に適用される税率が同率になっているので、大部分のケースは確定申告をする必要はありません。このため、納税者の選択により、その金額の多少にかかわらず確定申告をしないことができることになっています（措37の11の5）。つまり、源泉徴収選択口座内の利子等、配当等及び譲渡益については、確定申告不要を選択した場合には、源泉徴収だけで課税関係が完結することになります。

　ただし、金融商品取引業者等を通じて支払を受ける利子配当等について、その金融商品取引業者等に設定している源泉徴収選択口座に受け入れた場合において、その口座内における株式等の譲渡損失の金額について、確定申告により、他の株式等に係る譲渡所得等の金額又は株式等に係る利子・配当所得の金額から控除するときは、その口座内に受け入れた利子配当等については、申告不要の特例を選択できないことになっています（措37の11の6⑩）。

　なお、源泉徴収選択口座内の譲渡損益の確定申告不要の選択は、一回の支払ごとでなく、口座ごとに選択することになっています（措37の11の6⑨）。

5　所得税のかからない所得

　所得税は、個人の1年間のすべての所得に対して課税されるのが原則ですが、社会政策その他の理由により課税されない所得があります。これらには非課税所得と免税所得とがあります。

　非課税所得は、課税上その所得がなかった場合と同様に扱われますか

ら、原則として申告や申請等の手続をする必要はありません。

これに対して、**免税所得**は、本来ならば一般の所得と同様に課税されるべきものですが、産業政策その他の見地から特にその所得税を免除される所得ですから、申告や申請等の手続をした上で所得税が免除されることになります。免税所得としては、一定の要件に当てはまる肉用牛の売却による農業所得があります。

非課税所得には次のような所得があります。

① 傷病者や遺族が受ける恩給及び年金（法9①三）

② 地方公共団体が心身障害者に関して実施する共済制度に基づく給付（法9①三）

③ 給与所得者の出張旅費や転任に伴う旅行費用（法9①四）

④ 給与所得者の通勤手当（最高150,000円）（法9①五、令20の2）

⑤ 職務の性質上制服を着用しなければならない給与所得者が、使用者から制服その他の身回品の支給又は貸与を受けたことによる利益（法9①六、令21①二）

⑥ 父兄などから受け取る学資金や法定扶養料（法9①十五）

⑦ 子供銀行の預金の利子（法9①二）

⑧ 障害者等（身体障害者手帳の交付を受けている人、遺族年金受給者である被保険者の妻、寡婦年金受給者等特定の人をいいます。）の元本350万円以下の少額預金の利子及び元本350万円以下の少額公債の利子（法10、措3の4、4）

⑨ 勤労者財産形成住宅貯蓄及び勤労者財産形成年金貯蓄（元本の合計額が550万円以下）の利子（措4の2、4の3、4の4）

⑩ 非課税口座及び未成年者口座内の少額上場株式等に係る配当所得及び譲渡所得等

NISA、つみたて NISA 及びジュニア NISA といわれるもので、詳しくは、次頁の **6** 参照。

⑪　生活用動産の譲渡によって生ずる所得（法9①九、令25）

　　ただし、1個又は1組の価額が30万円を超える宝石、貴金属や書画、骨とうなどの譲渡による所得は除きます。

⑫　相続、遺贈又は個人からの贈与により取得するもの（法9①十六）

　　これらは相続税や贈与税の課税対象となります。

⑬　心身に加えられた損害に対する損害賠償金や慰謝料など（法9①十七）

⑭　資力を喪失して債務を弁済することが著しく困難な場合に、競売などにより強制的に資産を売却されたことによって生ずる所得（法9①十）

⑮　その他

　　特定の学術研究奨励金や、文化功労者年金、ノーベル賞として交付される金品、特定の選挙運動資金、国内で発売される宝くじの当せん金品、いわゆる五輪報酬金など（法9①十三、十七、当せん金附証票法13、措41の8①）

● **超高額所得者に対する税負担の適正化のための課税の特例（令和7年から適用）**

　高所得者層ほどその所得に占める土地建物の長期譲渡所得や株式等の譲渡所得等の割合が高く、それらの所得に対する税負担が低調であるため、超高額所得者に対する税負担の適正化を図ることを企図して、次の算式で計算した金額の税負担の付加を求めることとされ、令和7年分以後の所得税について適用することとされました（措41の19）。

$$\left\{ \left(\begin{array}{c} 基準所得 \\ 金額（※1） \end{array} - 3.3億円 \right) \times 22.5\% \right\} - \begin{array}{c} 基準所得 \\ 税額（※2） \end{array} = 付加される所得税額$$

6 非課税口座内の少額上場株式等に係る配当所得及び譲渡所得等の非課税の特例（NISA）

　非課税口座内の少額上場株式等に係る配当所得及び譲渡所得等の非課税の特例は、「一般 NISA」と「つみたて NISA」、「ジュニア NISA」の三本立てとなっていましたが、令和 5 年の税制改正により、いわゆる「つみたて投資枠」と「成長投資枠」を併用する、新しい形の NISA に改組されました（措 9 の 8、37 の14）。

　この新しい形の NISA の概要を図示すると、次頁の図表のようになります。

　なお、新しい形の NISA の関係法令は、令和 5 年 4 月 1 日から施行することとされていますが、金融商品取引業者等に開設する「非課税口座」に設定する、つみたて投資枠用の「特定累積投資勘定」及び成長投資枠用の「特定非課税管理勘定」は、令和 6 年以後の各年において設定することとされています。

〔改正後の NISA の制度の概要〕

	Ⓐ　つみたて投資枠 （特定累積投資勘定）	Ⓑ　成長投資枠 （特定非課税管理勘定）
非課税口座の開設者 （特定非課税累積投資契約者）	居住者又は恒久的施設を有する非居住者で、その年 1月1日において18才以上である人	
非課税勘定の開設期間	令和6年1月1日以後無期限	
非課税勘定の保有期間	同上	
投資限度額　年間投資上限額	年120万円	年240万円
	同一年中の併用可。 (年の中途で売却した枠は、) (その年中の再利用不可。)	
投資限度額　生涯投資上限累計額	ⒶⒷ併用可。生涯合計1,800万円まで （うちⒷは1,200万円まで） (簿価残高方式で計算。年の中途で売却したと) (しても、その翌年以降にその分の枠の再利用可)	
投資対象金融商品	長期積立分散投資に適した一定の投資信託（改正前のつみたて NISA と同じ）	上場株式・投資信託（リスクの高いものなどを除く。）

注　改正前の「一般 NISA」及び「つみたて NISA」は、令和5年12月31日までの投資で終了し、以後、新しい形の NISA の別枠で、各非課税勘定の保有期間の終了年まで非課税で継続することができます。ただし、ロールオーバーはできません。

● **NISA の改正**（令和6年から適用）

　令和5年の税制改正により、これまでの「一般 NISA」、「つみたて NISA」及び「ジュニア NISA」が改正され、上記のとおりの内容の新しい形の NISA に改組されました。

4 所得の総合はどのように行うか

〔ポイント〕

● 利子、配当、不動産、事業、給与、譲渡、一時及び雑の各所得金額を総合して総所得金額を算出します。

● 2種類以上の所得があって、これらの所得金額に赤字があるときは、赤字の金額を一定の順序に従って他の黒字の所得金額から控除（損益通算）します。

● 配当所得、一時所得、雑所得などの損失のように他の所得とは損益通算できないものもあります。

● 損益通算を行っても、なお赤字が残ったときは、純損失の繰越控除又は繰戻し還付を受けることができます

● 申告分離課税の所得は、総所得金額とは別枠で所得金額の計算をします。

※全体像は49頁参照。

1 所得の総合と損益通算

　所得税では、納税者ごとに1暦年間の所得を合計して課税を行うため、総合課税の対象となる利子・配当・不動産・事業・給与・譲渡・一時及び雑の各所得を総合して**総所得金額**を算出します。

　各所得金額の総合を行う場合に、納税者の得た所得が1種類だけであれば、その所得金額がそのまま総所得金額になります。また、2種類以上の所得を得たときは、その合計額になります。しかし、それらの個別

の所得金額に黒字のものと赤字のものとがある場合には、それを通算して総所得金額を算出します。これを損益通算といいます。この損益通算に当たっては、申告分離課税の山林所得及び退職所得も差引計算の対象となります（法69①）。

申告分離課税の公社債株式等に係る利子・配当所得、公社債株式等に係る譲渡所得等、先物取引に係る雑所得等、土地等に係る事業所得等、土地・建物等に係る譲渡所得については、総所得金額の計算とは別枠で計算します（49頁の図表参照）。

2　損益通算の方法

損益通算に当たっては、各所得は課税方法等の相違により、原則として次の三つに分類されます。

① 総所得金額：利子・配当・不動産・事業・給与・譲渡・一時及び雑の各所得の合計金額

② 山林所得金額

③ 退職所得金額

なお、申告分離課税の土地・建物等に係る譲渡所得で一定の要件に当てはまるものも、損益通算の対象となります（47頁の(5)ただし書参照）。

（1）各所得が全部黒字のとき

各所得が全部黒字のときは、利子・配当・不動産・事業・給与・譲渡・一時及び雑の各所得金額を合計して総所得金額を計算します。また、山林所得や退職所得はそのまま山林所得金額、退職所得金額となります。

（2）各所得に赤字のあるとき

各所得に損失があるときは、その損失額は、次の損益通算の対象とな

らない損失を除き、他の黒字の各所得の金額と通算します。この場合、総合課税の長期譲渡所得又は一時所得の黒字の金額と他の所得の赤字の金額を通算する場合には、その金額は長期譲渡所得又は一時所得の金額を2分の1する前の金額から差し引きます。

（3）総合課税の対象となる所得のうち、損益通算の対象とならない損失

損益通算の対象とならない損失は、次のとおりです。

① 配当所得の計算上生じた損失

② 一時所得の計算上生じた損失

③ 雑所得の計算上生じた損失

④ 不動産所得の計算上生じた損失のうち土地等の取得に係る借入金利子に対応する部分（措41の4）

⑤ 特定の組合事業又は特定の信託から生じた不動産所得の計算上生じた損失（措41の4の2）

⑥ 有限責任事業組合の事業から生じる不動産所得、事業所得又は山林所得の計算上生じた損失（措27の2）

⑦ 生活に通常必要でない資産に係る所得の金額の計算上生じた損失（法69②、62①、所令178①）

例えば、競走馬その他射こう的行為の手段となる動産とか趣味、娯楽、保養又は鑑賞の目的で所有する資産、あるいは1個又は1組の価額が30万円を超える貴金属、真珠、象牙製品、書画、美術工芸品などについて生じた損失です。

なお、ゴルフ会員権やリゾート施設会員権など（趣味、娯楽、保養又は鑑賞の目的で所有するものに限ります。）についても、生活に通常必要でない資産に加えることとされています。

ただし、競走馬の譲渡によって生じた損失の金額については、その
　競走馬の保有による雑所得の金額から差し引くことができます（令25、
　178、200）。

　　また、別荘などの生活に通常必要でない資産が災害などにより損害
　を受けたときは、その損害額は損失の生じた年分及びその翌年分の譲
　渡所得から差し引かれます（法62①）。

⑧　国外中古建物の不動産所得の計算上生じた損失のうち償却費に相当
　する部分

　　個人が国外中古建物から生ずる不動産所得を有する場合において、
　その年分の不動産所得の金額の計算上国外不動産所得の損失の金額が
　あるときは、その国外不動産所得の損失の金額のうち国外中古建物の
　償却費に相当する部分の金額（その建物の耐用年数を簡便法により算定して
　いる場合などに限ります。）については、損益通算の対象とはなりません
　（措41の4の3）。

　　なお、その国外中古建物を譲渡した場合における譲渡所得の金額の
　計算上、その取得費から控除することとされる償却費の額の累計額か
　らは、その損益通算の対象外とされた償却費に相当する部分の金額は
　除くこととなります。

⑨　非課税所得、免税所得、源泉分離課税の所得及び確定申告をしない
　ことを選択した所得の計算上生じた損失（法9②）

（4）損益通算の順序

　　損益通算の基本的な順序は、次のとおりです（次頁の図表参照）。

イ　第1次通算

　各所得を次の2つのグループに分けます。

ⓐグループ……利子、配当、不動産、事業、給与、雑の各所得の金額

　ⓑグループ……譲渡、一時の各所得の金額

　ⓐグループの不動産及び事業の各所得のいずれかに生じた損失の金額は、利子・配当・不動産・事業・給与及び雑の各所得の金額から控除します（令198一）。なお、不動産又は事業の所得に生じた損失の金額のうちに、㋑変動所得（142頁の(1)参照）の損失の金額、㋺被災事業用資産の損失の金額（44頁の(2)参照）又は㋩その他の損失の金額が2以上あるときは、まず㋩その他の損失の金額を控除し、次に㋺被災事業用資産の損失の金額及び㋑変動所得の損失の金額を順次控除します（令199）。

　ⓑグループの譲渡所得については、総合課税の長期譲渡所得と短期譲渡所得に区分して、長期譲渡所得と短期譲渡所得の相互間で、それぞれ赤字と黒字を通算します。次に、譲渡所得相互間で通算しきれない赤字は一時所得の黒字の所得金額から控除します（令198ニ）。

〔損益通算の順序図〕

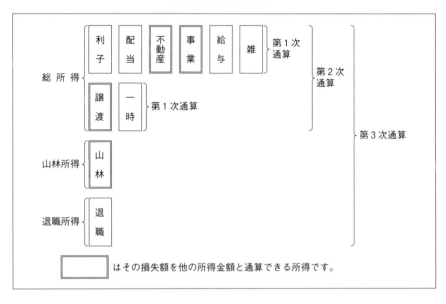

ロ　第2次通算

　ⓐ又はⓑのグループのいずれか一方が赤字の場合は、ⓑ又はⓐのグループの黒字から控除します。なお、ⓐグループの赤字をⓑグループの黒字から控除するときの順序は、㋑短期譲渡所得（特別控除後）→　㋺長期譲渡所得（特別控除後）→　㋩一時所得（特別控除後で2分の1前）となります（令198三、四）。

ハ　第3次通算

　総所得金額及び山林所得金額のいずれか又は両方に損失額があるときは、総所得金額、山林所得金額及び退職所得金額の間で損益の通算を次のように行います（令198五、六）。

　㋑　山林所得が黒字で総所得が赤字のときは、次の順序で総所得の赤字を差し引きます。

　　　①山林所得→　㋺退職所得

　㋺　山林所得が赤字で総所得が黒字のときは、次の順序で山林所得の赤字を差し引きます。

　　　㋑総所得のⓐグループ→　㋺総所得のⓑグループ→　㋩退職所得

　㋩　総所得、山林所得がともに赤字のときは、退職所得から、まず、総所得の赤字を差し引き、ついで山林所得の赤字を差し引いて通算します。

　以上の損益通算の結果、総所得金額、山林所得金額及び退職所得金額がそれぞれ算出されます。

3　純損失の繰越控除・繰戻し還付

　損益通算を行い、なお赤字が残ったときは、その赤字の金額は、その年分の「純損失の金額」となります。

なお、申告分離課税の土地・建物等に係る譲渡所得で一定の要件に当てはまるものも、純損失の繰越控除等の対象となります（47頁の(5)ただし書参照）。

（1）青色申告者の場合

　純損失の金額は、翌年以後３年間に繰り越して、それぞれの年分の総合課税の各種所得の金額、山林所得の金額及び退職所得の金額から、差し引くことができます（法70①）。

　なお、前年分についても青色申告をしている人の場合には、その純損失の金額の全部又は一部を前年分に繰り戻して、前年分の税額計算をし直して税金の還付を受けることもできます（法140）。

（2）白色申告者の場合

　純損失の金額のうち、変動所得（142頁の(1)参照）の損失及び被災事業用資産の損失の金額に限って、翌年以後３年間に繰り越して控除することができます（法70②）。

　「被災事業用資産の損失の金額」とは、たな卸資産又は事業用の固定資産及び繰延資産若しくは山林の災害による損失の金額をいいます。

（3）特定非常災害に係る純損失の繰越控除期間の特例

　繰越控除の期間は、上記(1)及び(2)のとおり、翌年以後３年間とされていますが、特定非常災害として指定された災害に係る純損失の金額については、令和５年４月１日以後に発生するものから翌年以後５年間に繰り越して控除することができます（法70の２）。

　繰越控除の対象となる金額は、次の区分に応じ、次に掲げる金額です。

① 保有する事業用資産の金額の合計額のうち、特定非常災害により生じた損失（特定被災事業用資産の損失）の割合が10％以上である場合

 A 青色申告者についてはその年に発生したすべての純損失の金額

 B 白色申告者については被災事業用資産の損失の金額と変動所得に係る損失の金額

② 特定被災事業用資産の損失の割合が10％未満の場合……特定被災事業用資産の損失による純損失の金額

4　損益通算等の対象とならない申告分離課税の所得

申告分離課税の所得のうち次に掲げる所得は、損益通算及び純損失の繰越控除等の対象とはなりません（49頁の図表参照）。

なお、非課税所得、免税所得、源泉分離課税の所得及び確定申告しないことを選択した所得も損益通算及び純損失の繰越控除等の対象とはなりません。

（1）公募上場等の公社債株式等に係る利子・配当所得（23頁の(1)及び(2)参照）

申告分離課税の公募上場等の公社債株式等に係る利子・配当所得は、次の(2)の「ただし書」の場合を除き、損益通算及び繰越控除の対象にはなりません。

（2）公社債株式等に係る譲渡所得等（23頁の(3)参照）

申告分離課税の公社債株式等の譲渡による事業所得、譲渡所得及び雑所得の金額の計算上生じた損失の金額は生じなかったものとみなされますので、その損失の金額は他の所得の金額から控除することはできませ

ん。また、公社債株式等の譲渡以外の他の所得の金額の計算上生じた損失の金額を、公社債株式等に係る譲渡所得等の金額から控除することもできません（措37の10、37の11）。

ただし、公募上場等の公社債株式等の譲渡による損失の金額については、公募上場等の公社債株式等に係る利子・配当所得がある場合には、その利子・配当所得の金額との損益通算をすることができます（措37の12の2①）。また、翌年以後3年間に繰り越して各年分の①公募上場等の公社債株式等の譲渡による所得の金額及び②公募上場等の公社債株式等に係る利子・配当所得の金額から控除することができます（措37の12の2⑥）。

なお、特定中小会社の特定株式の価値が喪失した場合のみなし譲渡損失等については、その年分の公募上場等の公社債株式等に係る譲渡所得等の金額との損益通算及び翌年以後3年内の各年分の株式等に係る譲渡所得等の金額との繰越控除の対象とすることができます（措37の13の3）。

（3）先物取引に係る雑所得等 (28頁の(5)参照)

申告分離課税の先物取引に係る雑所得等の金額の計算上生じた損失の金額は生じなかったものとみなされますので、その損失の金額は他の所得の金額から控除することはできません。また、先物取引に係る雑所得等以外の他の所得金額の計算上生じた損失の金額を、先物取引に係る雑所得等の金額から控除することもできません（措41の14①）。

ただし、先物取引に係る雑所得等の金額の計算上生じた損失の金額は、翌年以後3年間に繰り越して各年分の先物取引に係る雑所得等の金額から控除することができます（措41の15）。

（4）土地等に係る事業所得等 （29頁の(6)参照）

　申告分離課税の土地等に係る事業所得等は、損益通算及び繰越控除の対象とはなりません。

（5）土地建物等に係る譲渡所得 （30頁の(7)参照）

　申告分離課税の土地建物等の譲渡所得の金額の計算上生じた損失の金額は生じなかったものとみなされますので、その損失の金額は他の所得の金額から控除することはできません。また、土地建物等の譲渡による所得以外の他の所得の金額の計算上生じた損失の金額を、土地建物等の譲渡所得の金額から控除することもできません（措31①、③二、32①④）。

　ただし、一定の要件に当てはまる居住用財産の譲渡による損失の金額については、一定の要件の下で総合課税の各種所得の金額、山林所得の金額及び退職所得の金額との損益通算及び純損失の繰越控除をすることができます（措41の５、41の５の２）。この場合の一定の要件に当てはまる居住用財産の譲渡による損失の金額とは、次に掲げる損失の金額をいいます。

　a　①譲渡した年の１月１日現在で所有期間が５年を超え、住宅借入金等の残高がある自己の居住の用に供する家屋又は土地等（「譲渡資産」といいます。）の譲渡をし、②譲渡した年の１月１日から翌年12月31日までの間に、自己の居住の用に供する家屋又はその敷地（「買換資産」といいます。）を取得（買替資産に係る住宅借入金等の残高がある場合に限ります。）し、③その取得の日から翌年12月31日までの間に、その買換資産を自己の居住の用に供した場合又は供する見込みである場合における、その譲渡資産の譲渡による損失の金額

　b　譲渡した年の１月１日現在で所有期間が５年を超え、譲渡に係る

契約を締結した日の前日において住宅借入金等の残高がある自己の居住の用に供する家屋又は土地等（「譲渡資産」といいます。）の譲渡をした場合におけるその譲渡資産の譲渡による損失の金額（住宅借入金の残高から譲渡収入金額を控除した残額を限度とします。）

　なお、この損益通算等の特例は、その年の合計所得金額が3,000万円を超える年については適用されません。

〔所得税の計算の仕組みの中の損益通算等の位置付け〕

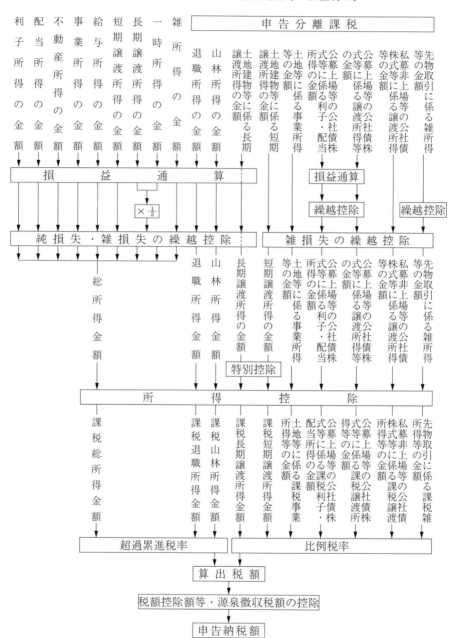

5 所得はどのようにして計算するのか

〔ポイント〕

● 利子所得には必要経費はありませんので、収入金額がそのまま利子所得となります。

● 配当所得に元本取得のために要した負債の利子があるときは、配当の収入金額からこの負債利子を控除したものが配当所得となります。

● 事業所得の収入金額は、その年中の収入として確定した金額の総額です。したがって、売上代金が未収であっても収入金額として計算します。

　必要経費とは、その収入を得るために必要な経費のことをいいます。したがって、衣食住等の生活費、所得税や住民税、罰金等は必要経費には含まれません。

　売上及び必要経費の計上時期の特殊なものとして割賦販売、延払条件付販売、請負契約による売上等があります。

● 給与の収入金額から給与所得控除（又は特定支出控除）を差し引いたものが給与所得となります。

● 退職金の収入金額から退職所得控除を差し引いた額の2分の1が退職所得となります。

● 山林所得は、収入金額から必要経費を差し引き、更に特別控除を差し引いて計算します。

● 譲渡所得は、収入金額から取得費と譲渡経費を差し引き、更に特別控除を差し引いて計算します。

1 所得金額の計算

　各種所得の所得金額は、10種類に区分されたそれぞれの所得ごとに計算します。所得金額の計算方法は、所得の種類によって違いがあります。

　各種所得の種類別の所得金額を算出するための基本算式は、次のとおりです。

〔所得金額を算出するための基本算式〕

所　得　の　種　類	所　得　金　額　の　計　算　方　法
利　子　所　得	（収入金額）＝（所得金額）
配　当　所　得	（収入金額）－（元本取得のために要した負債の利子）＝（所得金額）
不　動　産　所　得	（収入金額）－（必要経費）＝（所得金額）
事　業　所　得	（収入金額）－（必要経費）＝（所得金額）
給　与　所　得	（収入金額）－（給与所得控除額又は特定支出控除額）＝（所得金額）
退　職　所　得	$\{$（収入金額）－（退職所得控除額）$\} \times \frac{1}{2}$＝（所得金額）
山　林　所　得	（収入金額）－（山林の植林費・取得費・管理費・伐採費・その他必要経費）－（特別控除額）＝（所得金額）
譲　渡　所　得	（収入金額）－（資産の取得費・改良費・設備費・譲渡経費）－（特別控除額）＝（所得金額）
一　時　所　得	（収入金額）－（収入を得るために直接支出した金額）－（特別控除額）＝（所得金額）
雑　所　得	（公的年金等の収入金額）－（公的年金等控除額）＝Ⓐ （公的年金等以外の収入金額）－（必要経費）＝Ⓑ Ⓐ＋Ⓑ＝（所得金額）

　注　総合課税となる譲渡所得のうちの長期譲渡所得及び一時所得は、総所得金額を計算する際にその合計額を2分の1の額にします（法22②二）。また、給与所得は、総所得金額を計算する際に、85頁及び106頁の「所得金額調整控除額」を控除した残額とします（措41の3の3⑤）。

2 利子所得の計算

利子所得には必要経費がありませんので、支払を受ける利子（源泉徴収前の金額）が、そのまま所得金額となります（法23②）。

3 配当所得の計算

（1）収入金額の計算

配当所得の収入金額は、会社等から受ける配当金額です。なお、配当等が支払われる際に所得税・住民税の源泉徴収が行われますが、収入金額は、実際の手取額ではなく源泉徴収前の金額となります（法24）。

また、剰余金の配当等の効力を生ずる日を定めた場合や株主総会などで配当決議のあったものは、実際に支払われていなくても決議等があった年分の収入金額に含めて計算します。

（2） 負債利子控除について

配当所得を有する人が、株式等の購入又は出資のために他から資金を借り入れた場合に、負債利子を支払ったときは、これを収入金額から差し引いて配当所得の金額を計算します（法24②）。

なお、申告分離課税の株式等の譲渡による譲渡所得、事業所得又は雑所得の基因となった株式等を取得するために要した負債の利子は、配当所得からではなくこれらの所得の金額の計算上差し引きます。

4 不動産所得の計算

不動産所得の収入金額は、賃貸借の契約などによってその年中に支払日が定められている金額の総額です。したがって、それが未収入であっ

ても、支払期日がその年中に到来した家賃、地代、賃貸料なども収入金額に含めて計算します。ただし、継続的に記帳し前受（又は未収）収益を明らかにしている場合には、その年の賃貸期間に応じた収入金額とすることができます。

　収入金額から差し引く必要経費は、家屋等の修繕費、火災保険料、減価償却費、固定資産税、管理費、貸倒引当金、専従者給与など不動産所得を得るために必要な諸経費です。

　不動産所得の基になっていた固定資産の除却損や債権の貸倒損失、貸していた建物の賃借人を立ち退かせるために支払う立ち退き料（建物・土地の譲渡のためのものを除きます。）は、その年の不動産所得の必要経費に算入します（法26②、51①②④）。

5　事業所得の計算

（1）収入金額の計算

　事業所得の収入金額は、その年中の事業によって収入として確定した金額の総額です。したがって、それが未収入であっても収入金額に含めて計算します。

　商品を自家用に消費した場合にも、原則としてその販売価格を収入として計算します。また、災害や盗難などで損害を受けた商品などについて支払われる保険金や損害賠償金、公共事業などの施行に伴う休業などの補償として受け取る補償金など事業の収入に代わる性質をもっているものも収入金額に含めて計算します。更に、空箱とか作業くずの売却代金などの雑収入や、仕入割引、リベートなども収入金額に含めます。なお、売上値引や返品は、収入金額から直接差し引くのが原則です。

　個人が受ける債務免除益は収入金額に含めます。ただし、事業を営む

個人が有する債務につき、所定の債務処理準則などに基づき債務免除を受けた場合において所定の資産評定を行っているときは、その評価損の額相当額を必要経費に算入することとし、収支両建てすることにより実質非課税とすることとされています（措28の2の2）。

また、個人が有する債務につき、資力を喪失して債務を弁済することが著しく困難であると認められる事由により免除を受けた場合には、その債務免除による経済的な利益の額については、収入金額に算入しないこととされています（法44の2）。

事業用の機械装置や器具備品などの減価償却資産の売却代金は譲渡所得の収入金額となります。ただし、減価償却資産であってもその使用可能期間が1年未満のものや、取得価額が10万円未満のもののうち業務の性質上基本的に重要でないものの売却代金は事業所得の収入金額になります。また、取得価額が10万円未満の減価償却資産で、業務の性質上基本的に重要なものの売却代金は、譲渡所得の収入金額となります（法33、令81）。

延払条件付販売など特殊な売上金額については、次のように計算することができます。

イ　延払条件付販売等

延払条件付販売等とは、次のような条件を備えている販売方法で、販売益を繰り延べる特例が認められています（法65）。

① 代金が月賦、年賦その他賦払の方法により3回以上分割して支払を受けること。

② 延払期間が2年以上であること。

③ 目的物の引渡しの時までに支払う金額が販売代金の3分の2以下であること。

ロ　委託販売

委託販売については、収益計上時期の特例が認められています。これは代理店などに販売を委託し、代理店には売ってもらった商品の手数料を支払うという仕組みをとっている販売方法のことですが、このような場合は代理店などへ商品を引渡したときではなく、代理店などが客に販売したときに売上に計上します。

ハ　請負契約による売上

工事収入のような売上は、原則として、その全部が完成したときに売上に計上します。これを**工事完成基準**といいます。

しかし、この方法では、工事が長期間にわたる場合、何年も先でないと売上が計上できないという困難が生じます。そこで、着工から引渡しまでの期間が1年以上で、かつ、請負金額が10億円以上の長期大規模工事（製造を含みます。）については**工事進行基準**により各年の売上に計上します。

長期大規模工事以外の請負工事については、工事進行基準と工事完成基準のいずれかにより売上の計上が認められています。

工事進行基準の方法は、工事請負の対価の額及びその工事原価の額に12月31日におけるその工事に係る進行割合を乗じて計算した金額から、前年以前の各年分の収入金額とされた金額及び費用の額とされた金額を控除した金額をその年の収入金額及び費用の額とします（法66）。

（2）必要経費の計算

必要経費とは、その収入を得るために必要な経費のことをいいます。したがって、次のような費用は必要経費にはなりません（法37①、45①②③、56、令96）。

① 家事用の費用（衣食住費、養育費などの生活費）

② 家事関連費のうち、家事分の費用（例えば、店舗兼住宅などの地代、家賃、火災保険料、水道光熱費、固定資産税、不動産取得税などのうちの住宅部分に相当する金額）

③ 隠蔽仮装行為に基づく申告書に係る一定の必要経費

④ 所得税、住民税

⑤ 罰金、科料、過料、国税の延滞税や加算税、地方税の延滞金や加算金

⑥ 供与する賄賂等の額

⑦ 生計を一にする配偶者その他の親族に支払う給料や賃金（青色事業専従者に支払う給与は除きます。）、家賃、利子

　必要経費として認められる範囲については、青色申告者は白色申告者より有利に取り扱われます。いわゆる青色申告の特典といわれるものの一つです。

> **青色申告者及び白色申告者ともに認められる経費**

　青色申告者、白色申告者ともに認められる必要経費には、次のようなものがあります。

イ　販売商品の売上原価

　その年中に販売した商品の仕入代金（引取運賃等の附帯費を含めます。）は、売上原価として収入金額から控除します。

　売上原価の計算は、通常、売上げた個々の原価を計算することが難しいので、販売した商品について、次の算式で一括して計算します。

　年初の棚卸高＋その年中の仕入高－年末の棚卸高＝販売商品の売上原価

【設例１】　売上原価の計算

次の例によって売上原価の計算方法を説明します。

１月１日の棚卸高	400,000円
年中の仕入高合計	14,000,000円
年中の売上高合計	18,000,000円
12月31日の棚卸高	500,000円

〔解　答〕

（年初棚卸高）　（仕　入　高）　（年末棚卸高）　（売上原価）
　400,000円　＋14,000,000円－　500,000円　＝13,900,000円

　商品の棚卸高は、12月31日の手持商品の種類、品質などの別に、その数量を実地に調べ、一定の棚卸資産の評価方法により評価して、棚卸価額を算定します。また、未着品や積送品についても棚卸価額を算定します。なお、物品販売業では、販売用商品や包装材料など、製造業や建設業などの事業では、原材料、製品、半製品、仕掛品、貯蔵中の消耗品などが棚卸資産となります。

　棚卸は12月31日に行うのが原則です。しかし、多忙などのため年末に棚卸ができない場合には、年末から多少前後した日に棚卸をしても差し支えありません。この場合には、実際に棚卸をした日の棚卸高を基として、その日と12月31日との間の売上高や仕入高を調整して、12月31日の棚卸高を計算しなければなりません。

【設例２】　棚卸高計算の簡便法

　１月５日に棚卸を行った場合の12月31日の棚卸高を、次の例で説明します。

１月５日の棚卸高 ………………………	1,500,000円
１月１日～１月５日の仕入高 ………	100,000円

　　　　　1月1日～1月5日の売上高 ………150,000円

　　　　　売値に対する利益率…………………………22%

〔解　答〕

　12月31日の棚卸高は、次のように計算します。

$$\overset{\left(\substack{1月5日の\\棚卸高}\right)}{1,500,000円}-\overset{(仕入高)}{100,000円}+\{\overset{(売上高)}{150,000円}×\overset{(利益率)}{(1-0.22)}\}=\overset{\left(\substack{12月31日の\\棚卸高}\right)}{1,517,000円}$$

　棚卸資産の評価額計算の基になる棚卸資産の取得価額は次のように計算します（令103①）。

(1)　購入した棚卸資産……次の金額の合計額

　a　購入代価

　b　その資産を消費し又は販売の用に供するために直接要した費用の額

(2)　自家生産の棚卸資産……次の金額の合計額

　a　その資産の製造のために要した原材料費、労務費、経費の額

　b　その資産を消費し又は販売の用に供するために直接要した費用の額

　また、棚卸資産が災害により著しく損傷したり、あるいは、著しく陳腐化したときは、この事実の生じた年の12月31日におけるその資産の価額をもって、その資産の取得価額として、その年以後の各年の棚卸資産の評価額を計算します（令104）。

　評価方法には、個別法、先入先出法、総平均法、移動平均法、最終仕入原価法、売価還元法といった方法があります。これらの方法は、いずれも**原価法**と総称されています。どの方法によって棚卸の評価を行うかは、あらかじめ税務署に届け出る必要があります。また、税務署の承認を受けたときは、上記の6種類以外の評価方法によることもできます。

あらかじめ税務署に届け出ていない場合には、最終仕入原価法によって評価しなければなりません（法47、令99、99の２、100、102）。

　なお、評価方法には、上記のほかに**低価法**（80頁のニ参照）がありますが、これは、青色申告者のみに認められている方法です。

　原価法のうち、通常行われている方法を簡単に説明しましょう。

　先入先出法とは、先に仕入れた商品が先に売り上げられ、年末の在庫は最も後から仕入れたものから順に残っているものとして、期末の棚卸価額を計算する方法です。

　総平均法とは、仕入れた商品の仕入価額の総額をその仕入総数で除して単価を算出し、その単価に棚卸数量を乗じて棚卸価額を計算する方法です。算式で示せば次のようになります。

$$\frac{年初の在庫高＋仕入総額}{年初の在庫量＋仕入総量}＝平均単価$$

平均単価×年末の在庫量＝年末の在庫高

　最終仕入原価法とは、年末に一番近く仕入れた商品の価額で棚卸価額を計算する方法です。

　売価還元法とは、棚卸資産を種類とか通常の差益の率の異なるごとに区別し、それぞれについて年末在庫の通常の販売価額の総額に原価の率を乗じて評価する方法です。

　売価還元法は次の算式で計算します。

年末の棚卸商品の通常の販売価額×原価の率＝年末の棚卸高

原価の率は、次の算式で計算します。

$$\frac{年初の棚卸高＋その年中の仕入高}{年末の棚卸資産の通常の販売価額＋その年中の売上高}＝原価の率$$

【設例3】 棚卸価額の計算

次の記録に基づき、その棚卸資産の評価額を先入先出法、総平均法、最終仕入原価法及び売価還元法によりそれぞれ説明します。

月　　日	取　　引	受入数量	単　　価	金　　　額	払出数量
		個	円	円	個
1．　1	繰　　越	5,000	30	150,000	
4．10	仕　　入	3,000	32	96,000	
5．　1	売　　上				2,500
6．　3	仕　　入	1,000	33	33,000	
6．20	売　　上				3,500
7．　1	売　　上				1,000
8．　1	仕　　入	2,000	31	62,000	
8．19	売　　上				1,500
9．20	仕　　入	500	35	17,500	
10．　3	売　　上				1,000
10．31	仕　　入	1,000	33	33,000	
11．15	売　　上				2,000
12．20	仕　　入	3,000	32	96,000	
合　　計		15,500個		487,500円	11,500個

〔解　答〕

(1)　先入先出法の場合

棚卸数量＝15,500個－11,500個＝4,000個

12.20	仕入分	3,000個	＠32円	96,000円
10.31	〃	1,000個	＠33円	33,000円
		4,000個		129,000円

(2)　総平均法の場合

（487,500円÷15,500個）×4,000個＝ 125,806円

(3)　最終仕入原価法の場合

最終仕入価格1個当たり32円

4,000個×32円＝128,000円

(4)　売価還元法の場合

年中の1個当たりの売値を45円とします。

11,500個×45円＋4,000個×45円＝697,500円

原価の率＝487,500円÷697,500円＝69.89%

棚卸原価＝（4,000個×45円）×69.89%＝ <u>125,802円</u>

〔解　説〕

棚卸価額は、棚卸資産の評価方法によって差が生じます。仕入価額が同じ水準にあるときはそう大きな差は生じません。しかし、物価上昇期又は下降期には、棚卸価額が売上原価に影響し、所得金額にも影響します。

ロ　公租公課

公租公課とは租税や様々な賦課金のことです。

事業税、固定資産税（事業用に使用している土地、建物、減価償却資産に係るものに限ります。）、自動車税（事業用に使用している自動車に係るものに限ります。）、事業所税、事業用に使った収入印紙及び所得税の利子税などが必要経費になります。また、商工会議所、商工会、協同組合、同業者組合、商店街などの会費又は賦課金なども必要経費になります。

所得税、住民税などは必要経費とはなりません（法45①二～五）。

なお、所得税の利子税で事業の必要経費となる金額は、次の算式で計算した金額です（法45①二、令97）。

$$\text{支払った利子税額} \times \frac{\text{その年の事業から生ずる所得の金額}}{\substack{\text{その年の各種の所得金額の合計額}\\ \text{（給与所得と退職所得を除きます。）}}} = \text{必要経費となる利子税の額}$$

ハ　荷造運賃

販売商品のために支出した包装費、鉄道・船・自動車などの運賃などです。

なお、商品などの仕入運賃は仕入金額に加算され、減価償却資産の引取運賃は減価償却資産の取得価額に加算されます。

ニ　水道光熱費

　水道代、ガス代、電気代等のうち事業用に消費した部分の金額。したがって、家事用として消費した部分は、必要経費にはなりません（法45①一、令96）。

ホ　旅費、交通費、通信費

　事業のため支出した電車賃、バス代、車代、宿泊料、電話料、切手代などです。

ヘ　広告宣伝費

　テレビ、ラジオ、新聞等の広告費用、宣伝用のマッチ、タオルなどです。ただし、72頁の**ラ**の開業費、開発費になるものは除かれます。

ト　接待費、交際費

　取引先を招待して支払った観劇、飲食費などや得意先に対する中元・歳暮などで事業を営むために必要なものです。ただし、72頁の**ラ**の開業費、開発費になるものは除かれます。

チ　寄附金

　事業に関連して支出した寄附金です。その他のものは必要経費になりませんが、日本赤十字社や日本学術振興会などに対する寄附金（特定寄附金）は、寄附金控除として所得控除の対象になります（127頁の(8)参照）。

リ　研修費

　事業主や事業専従者、使用人がその事業の遂行上直接必要な知識や技能を習得するための研修などに要した費用です。ただし、その習得のために通常必要と認められる金額だけが必要経費になります。

ヌ　損害賠償金

事業に関連した事業主自身の行為やその事業専従者、使用人の行為によって負担した損害賠償金、慰謝料などです。ただし、これらの人の行為について事業主に故意又は重大な過失がある場合には必要経費になりません（法45①七、令98）。

ル　保険料

商品などの棚卸資産や事業用資産のために支払った火災保険料などや事業用自動車の損害保険料などです。

ヲ　修繕費

事業用の建物、機械器具、備品等の修理に要したものです。

明らかに修繕費とみられるものには、イ家屋や壁の塗替え、床の壊れた部分の取替え、畳の表替え、ロ壊れたかわらやガラスの取替え、障子やふすまの張替え、ハベルトや自動車のタイヤの取替えなどがあります。

ただし、事業用の減価償却資産を修繕した場合で、その資産の価額が増加したり、耐用年数が延長したりすることになれば、その支出は、その年分だけの必要経費とはならず、翌年以降の年分に割りふらなければなりません。このような性格の支出を**資本的支出**といい、資産の価額が増加した部分又は耐用年数が延長した部分に対する支出は、減価償却の方法によって順次費用化することとなります（令181）。

なお、修理、改良などに支出した金額が、イ60万円未満のとき、ロ修理、改良などの対象とした個々の資産の前年末の取得価額のおおむね10％相当額以下のときなどの場合は、修繕費として差し支えないこととされています。しかし、この場合においても、明らかに資本的支出と認められるものについては、修繕費になりません。

ワ　消耗品費

　文房具などの事務用品、ガソリンなどでその年において消費したものです。

　なお、工具、器具、備品などのうち、使用可能期間が1年未満のものや取得価額が10万円未満のもので、その年中に使用したものの購入費用も含まれます（令138。71頁のＥ、72頁のＦ、Ｇ参照）。

カ　雇人費

　従業員に支払った給料、賃金のほか食事や衣料を支給する場合の費用などです。

　ただし、家事手伝人のように家事のための使用人の費用は必要経費とはなりません。

　なお、商品などの棚卸資産を使用人に無償で支給した場合には、その棚卸資産の販売価額を雇人費に含めるとともに、収入金額にも加算します。

ヨ　家族従業員に支払う給料

　青色申告者は、その家族従業員に支払った青色事業専従者給与を必要経費に算入できます（75頁の(イ)参照）。

　白色申告者の場合は、家族従業員1人当たり最高860,000円の事業専従者控除があります（76頁の(ロ)参照）。

タ　福利厚生費

　従業員の慰安、保健衛生のため支払った費用、事業主が負担した健康保険、労災保険、雇用保険などの保険料や掛金などです。

レ　地代、家賃

　店舗、車庫、材料置場など事業用の支払地代及び家賃です。

　なお、前払家賃は、その年分だけの家賃が必要経費となります。また、建物について権利金などを支払った場合（72頁のラ参照）は、繰延資産と

なりますのでその支出の効果の及ぶ期間に応じて必要経費に算入します。

ソ　借入金利子、割引料

　事業用資金の借入金利子、例えば、商品の仕入れ、事業用固定資産の購入などの資金に充てるための借入金の利子や手形の割引料です。

　なお、事業用の建物などの資産を取得するための借入金に対する利子で、その資産の使用開始前の期間に対応するものは、通常その資産の取得価額に含めることになりますが、取得価額に含めないでそのまま必要経費にすることもできます（基通37-27）。

ツ　貸倒損失等

　売掛金、未収金、貸付金、前払金など（「貸金等」といいます。）の事業の遂行上生じた債権で貸倒れなどによる損失の金額です。

　貸倒れとは、債務者の資産状況や支払能力などからみて貸金等の全額を回収することができないことが明らかに認められる場合です。なお、次の事実がある場合には、貸倒れとして取り扱われます（法51②）。

(イ)　貸金等の全部又は一部の切捨てをした場合

　　会社更生法による更生計画認可の決定によって切り捨てられることとなった貸金等や、債務超過の状態が相当期間継続していてその貸金等の弁済を受けることができないと認められる場合においてその債務者に対して書面によって明らかにした債務免除額などのように、貸金等の全部又は一部を切り捨てたときには貸倒れとして認められます（基通51－11）。

(ロ)　回収不能の場合

　　債務者の資産状況、支払能力からみて、その貸金等の全額が回収できないことが明らかになった場合は貸倒れとして認められます。この場合、この貸金等に担保物があるときは、その担保物を処分した後で

なければ貸倒れとして認められません（基通51－12）。

　なお、事業の遂行上保証した債務を履行した場合で、債務者に対して求償権を行使することができなくなったときは、その行使できなくなった部分の金額も貸倒金に含めることができます（令141）。

(ハ)　一定期間取引停止後弁済がない場合

　債務者との取引を停止した時（最後の弁済の時がその停止をした時以後である場合は、その時）以後1年以上を経過した場合（担保物のあるときを除きます。）や、売掛債権がそれを取り立てるための旅費などの費用に満たない場合において支払を督促したにもかかわらず弁済がないときは、売掛金や未収請負金額などの売掛債権（貸付金などは除きます。）から備忘価額を控除した額を貸倒れとすることができます（基通51－13）。

ネ　貸倒引当金

　売掛金、未収金、貸付金、前払金などの事業の遂行上生じた金銭債権について、その全部が貸倒れとならないまでも、得意先などの債務超過の状態が相当期間継続して好転の見通しがないことなどによって、貸金等の回収の見込みがないと認められる場合には、貸倒れその他これに類する事由による損失の見込額として、各年において貸倒引当金勘定に繰り入れた金額については、その繰り入れた金額のうちその年の12月31日においてその一部につき当該損失が見込まれる貸金等の当該損失の見込額の合計額として一定の金額に達するまでの金額を必要経費に算入することができます（一括評価による貸倒引当金については、78頁の口参照）（法52①、令144①二）。

　また、得意先などに次のような事実がある場合には、その貸金等の金額（質権、抵当権などで担保されている部分を除きます。）の50％に相当する金額を貸倒引当金勘定に繰り入れて必要経費にすることができます（令144

①三）。

①　会社更生法又は金融機関等の更生手続の特例等に関する法律の規定
による更生手続の開始の申立てがあったこと。

②　民事再生法の規定による再生手続開始の申立てがあったこと。

③　破産法の規定による破産手続開始の申立てがあったこと。

④　会社法の規定による特別清算開始の申立て。

⑤　手形交換所（手形交換所のない地域では、その地域で手形交換の業務を行う
銀行団を含みます。）による取引停止の処分を受けたこと。

なお、貸倒引当金に繰り入れた金額は、翌年にその全額を収入金額に
算入しなければなりません（法52③）。

ナ　減価償却費

A　通常の資産

事業用に使用している建物、建物附属設備、機械器具、備品、車両
運搬具等の減価償却資産の取得費用は、その使用期間に応じ必要経費
として事業所得の収入金額から差し引きます（法49）。

減価償却資産の取得価額には、購入代価又は製造原価のほか、引取
運賃、運送用保険料、購入手数料、据付費等その減価償却資産をその
用途に供するために直接要したすべての費用、すなわち附帯費用が含
まれます。

減価償却方法については、平成19年4月1日以後に取得する減価償
却資産と平成19年3月31日以前に取得した減価償却資産に係るものと
により、その方法が異なります。

【平成19年4月1日以後に取得する減価償却資産に係る償却方法】

㈠　定額法

定額法とは、減価償却資産の取得価額に、その償却費の額が毎年

同一となるようにその資産の耐用年数に応じた「定額法の償却率」を乗じて計算した金額を、各年分の償却費の額として償却し、不動産所得等の金額の計算上必要経費に算入する計算方法です。

なお、耐用年数経過時点において1円まで償却します。

算式に示すと次のとおりです。

償却費の額＝取得価額×定額法の償却率

※　年の中途で事業の用に供した場合などには、「本年中に事業に使用していた月数／12」を乗じます。

(ロ)　定率法

定率法とは、減価償却資産の取得価額（2年目以後の年分にあっては、減価償却資産の取得価額から既に償却費の額として各年分の事業所得等の金額の計算上必要経費に算入された金額の累積額を控除した金額。「未償却残高」といいます。）に、その償却費の額が毎年一定の割合で逓減するようにその資産の耐用年数に応じた「定率法の償却率」を乗じて計算した金額（「調整前償却額」といいます。）を、各年分の償却費の額として償却し、事業所得等の金額の計算上必要経費に算入する計算方法です。

また、この調整前償却額がその減価償却資産の取得価額に「保証率」を乗じて計算した金額（「償却保証額」といいます。）に満たない場合には、最初に満たないこととなる年の期首未償却残高を「改定取得価額」として、その改定取得価額に、その償却費の額がその後毎年同一となるようにその資産の耐用年数に応じた「改定償却率」を乗じて計算した金額を、その後の各年分の償却費の額として償却し、不動産所得等の金額の計算上必要経費に算入することとなります。なお、耐用年数経過時点において1円まで償却します。

① 「調整前償却額≧償却保証額」の場合

償却費の額＝期首未償却残高×定率法の償却率

※　年の中途で事業の用に供した場合などには、「本年中に事業に使用していた月数／12」を乗じます。

※　定率法の償却率は、定額法の償却率を2.0倍した数（平成19年4月1日から平成24年3月31日までの間に取得した減価償却資産については2.5倍した数）とされています（令120の2）。

② 「調整前償却額＜償却保証額」の場合

償却費の額＝改定取得価額×改定償却率

※　年の中途で事業の用に供した場合などには、「本年中に事業に使用していた月数／12」を乗じます。

【平成19年3月31日以前に取得した減価償却資産に係る償却方法】

平成19年3月31日以前に取得した減価償却資産の償却方法は、名称が「旧定額法」又は「旧定率法」等に改められました。

㈑　旧定額法

旧定額法の計算は次の算式によります。

（取得価額×90％）×償却率＝減価償却額

※　年の中途で事業の用に供した場合などには、「本年中に事業に使用していた月数／12」を乗じます。

㈢　旧定率法

旧定率法の計算は次の算式によります。

未償却残高×償却率＝減価償却額

※　年の中途で事業の用に供した場合などには、「本年中に事業に使用していた月数／12」を乗じます。

㈨　償却可能限度額に達した減価償却資産の償却費の計算

各年分において事業所得等の金額の計算上必要経費に算入された金額の累積額が、償却可能限度額まで達している減価償却資産については、その達した年分の翌年分以後において、次の算式により計算した金額を償却費の額として償却を行い、1円まで償却します。

（取得価額－取得価額×95％－1円）÷5＝償却費の額
　　※　年の中途で事業の用に供した場合などには、「本年中に事業に使用していた月数／12」を乗じます。

B　中古資産

中古資産を取得したときには、その後の使用可能年数を見積って耐用年数とします。しかし、使用可能年数を見積もることが困難なときは次により計算します（耐令3①）。

①　耐用年数の全部を経過した資産

法定耐用年数×20％＝耐用年数（端数切捨）

②　耐用年数の一部を経過した資産

法定耐用年数－（経過年数×80％）＝耐用年数（端数切捨）

なお、①又は②による耐用年数が2年に満たないときは2年となります。

C　償却方法の選定

減価償却資産の償却の方法については、平成19年4月1日以後に取得したものと、同年3月31日以前に取得したものと区分し、また構築物、機械及び装置等といった資産の種類の区分ごとに選定し、資産を取得した日等の属する年分の所得税に係る確定申告期限までに、その有する減価償却資産と同一の区分に属する減価償却資産に係る区分ごとに採用する償却の方法を記載した「減価償却資産の償却方法の届出書」を税務署に提出しなければなりません（令123②）。

なお、平成28年4月1日以後に取得をする次に掲げる資産の償却の方法について、定率法を廃止し、これらの資産の償却の方法を次に掲げる方法によることとされました。

①　建物附属設備及び構築物（鉱業用のこれらの資産を除きます。）……
　定額法

② 鉱業用減価償却資産（建物、建物附属設備及び構築物に限ります。）
　……定額法又は生産高比例法

建物（鉱業用を除きます。）の償却の方法については、平成10年度改正により定率法が廃止され定額法に一本化されています。

(イ)　償却方法のみなし選定

平成19年３月31日以前に取得した減価償却資産（「旧減価償却資産」といいます。）について「旧定額法」又は「旧定率法」などを選定している場合において、平成19年４月１日以後に取得する減価償却資産（「新減価償却資産」といいます。）で、同日前に取得したならば旧減価償却資産と同一の区分に属するものについて前記の届出書を提出していないときは、旧減価償却資産につき選定していた償却方法の区分に応じ、新減価償却資産についてそれぞれ「定額法」又は「定率法」などを適用することとなります（令123③）。

(ロ)　法定償却方法

前記の届出書の提出をしていない新減価償却資産で上記(イ)の償却方法のみなし選定に該当しない場合は、原則として、定額法が法定償却方法となります（令125）。

なお、法定償却方法である定額法以外の償却方法として定率法を選定するときは、前記の届出書を提出する必要があります。

D　減価償却のできない資産

土地、地上権、電話加入権など通常時の経過によりその資産価値が低下しないものや建設中の建物及び販売の目的で所有する建物・機械・牛馬などの棚卸資産については、減価償却をすることができません。

E　少額減価償却資産の必要経費算入

使用可能期間が１年未満の資産（主要な業務以外の業務として貸付けの

用に供するものを除きます。）と取得価額が10万円未満の資産は、その取得価額を業務の用に供した年分の必要経費とすることができます（令138）。

F 一括償却資産の必要経費算入

取得価額が10万円以上20万円未満の資産（主要な業務以外の業務として貸付けの用に供するものを除きます。）については、各年ごとの取得価額の合計額を一括して3年間で償却することができます（令139）。

G 中小事業者の少額減価償却資産の必要経費算入

一定の中小事業者に該当する個人が、取得価額10万円以上30万円未満の少額減価償却資産を取得し業務の用に供した場合には、その取得価額の合計額のうち300万円に達するまでの金額を必要経費に算入することができます（措28の2）。

なお、この限度額（300万円）の判定は少額減価償却資産を単位として行いますので、少額減価償却資産の取得価額が300万円を超えることとなる場合には、その超えることとなる少額減価償却資産（その取得価額全体）は対象に含まれず、300万円の範囲内の他の少額減価償却資産の取得価額が限度となります。

ラ 開業費、開発費、権利金などの繰延資産

繰延資産は、その支出した金額をその効果の及ぶ期間にわたって必要経費に算入します。効果の及ぶ年数は、財務省令等で基準が定められており、その主なものは次のとおりです（法50、2①二十、令7）。

a 開業費……5年（任意償却することもできます。）

開業準備のために特別支出した広告宣伝費や接待費などです。

b 開発費……5年（任意償却することもできます。）

得意先の大々的な拡張、支店開設などのために特別に支出した広

告宣伝費、接待費などです。

c 共同的施設の負担金…… ５年（ただし、その施設について定められている耐用年数が５年より短い場合には、その耐用年数）

商店街の共同アーケード、日除け、アーチ、すずらん灯などです。

d 権利金、立退料

(a) 賃借建物の新築の際に支払ったもので、その額が建築費の大部分をしめ、しかも建物の存続期間中使用できるもの……建物の耐用年数の70％に相当する年数

(b) 明渡しの際に借家権として転売できるもの……建物の賃借後の見積残存耐用年数の70％に相当する年数

(c) その他のもの……５年

ただし、賃借期間が５年未満のもの……その賃借期間

e 電子計算機器その他の機器の賃借に伴って支出する費用……その機器の耐用年数の70％に相当する年数

なお、土地を賃借するために支払った権利金や立退料は必要経費になりません。

ム　事業用固定資産等の損失

店舗、倉庫、機械などの事業用として使用されていた固定資産や繰延資産の対象になった施設を除却したり廃棄した場合、又は火災、水害などの災害によって破損した場合等の損失額は、損害保険金や損害賠償金によって補てんされる金額やこれまでの減価償却費として必要経費に算入された累積額を除いて必要経費に算入します。また、災害により損害を受けた事業用の固定資産や繰延資産の取り壊し費用、災害のやんだ翌日から１年以内に支出した修繕費、土砂の除却費なども必要経費となります（法51①、令140、203）。

必要経費となる金額は、次のような算式で計算します。

$$\begin{array}{l}\text{建物などの取} \\ \text{得価額や繰延} \\ \text{資産の支出額}\end{array} - \begin{array}{l}\text{取り壊しなどの日までの建} \\ \text{物の減価償却費の累積額や} \\ \text{繰延資産の償却費の累積額}\end{array} - \begin{array}{l}\text{廃材の} \\ \text{処分可} \\ \text{能価額}\end{array} + \begin{array}{l}\text{片付け費} \\ \text{用などの} \\ \text{付随費用}\end{array}$$

$$-\begin{array}{l}\text{保険金や損害賠} \\ \text{償金などで補て} \\ \text{んされる金額}\end{array} = \text{必要経費}$$

ウ　社会保険診療報酬の所得計算の特例

　医業又は歯科医業を営む人が支払を受ける社会保険診療報酬による事業所得の金額の計算に当たっては、その診療による費用として、その支払を受ける金額に応じて、次の金額を、事業所得の金額の計算上、必要経費に算入することができます（措26①②）。

　なお、この特例は、社会保険診療報酬の金額が5,000万円以下であり、かつ、その個人が営む医業又は歯科医業から生ずる事業所得に係る総収入金額に算入すべき金額の合計額が7,000万円以下であるときに適用されます。

社会保険診療報酬	概算経費の速算式
2,500万円以下	社会保険診療報酬×72%
2,500万円超〜3,000万円以下	〃　×70%＋　50万円
3,000万円超〜4,000万円以下	〃　×62%＋290万円
4,000万円超〜5,000万円以下	〃　×57%＋490万円

ヰ　家内労働者等の所得計算の特例

　次のいずれにも該当する人については必要経費として55万円（令和元年分までは、65万円）（事業所得又は公的年金等以外の雑所得に係る総収入金額を限度とします。）を差し引くことができます（措27、措令18の２）。

　なお、給与所得がある場合には、55万円から給与所得控除額を差し引いた残額となります。

① 　家内労働者、外交員、集金人、電力量計の検針人など、特定の者に対して継続して人的役務の提供を行うことを業務とする人

② 　事業所得及び雑所得の必要経費の合計が55万円に満たない人

> **青色申告者及び白色申告者ともに認められるが、青色申告者の方が有利な取扱いを受ける経費**

　青色申告者、白色申告者ともに認められる経費であっても、青色申告者に有利に取り扱われる必要経費には次のようなものがあります。

イ　家族従業員に支払う給料

　事業を行っている納税者の配偶者や納税者と生計を一にしている15歳以上の親族が、その年を通じて6か月を超える期間その事業に専ら従事している場合、これらの人に支払う給料については青色申告者と白色申告者とではそれぞれ次のように区別して必要経費等として控除することになります（法57、令164、165）。

　なお、必要経費等として控除した金額相当額は、それらの家族従業員の給与所得の収入金額となります。

(イ)　青色申告者の場合（**青色事業専従者給与**）

　　青色申告者がその家族従業員に支払った給料は、必要経費とすることができます（法57①）。

　　ただし、その給与額は、ⓐ青色事業専従者が労務に従事した期間、労務の性質や提供の程度、ⓑその事業に従事する他の使用人の給与や同種、同規模の事業の従業員の給与、ⓒその事業の種類や規模、収益の状況からみて労務の対価として妥当と認められる金額でなけ

ればなりません（令164①）。

　なお、青色事業専従者給与の支給を開始する場合には、青色事業
専従者の氏名、職務の内容、給与の額及び支給期などを記載した届
出書をその年の３月15日までに税務署に提出しなければなりません。
（法57②）。

　また、青色事業専従者で、青色専従者給与の支払を受ける人につ
いては、その事業主の配偶者控除又は扶養控除の適用を受けること
はできません（法２①三十三、三十四）。

(ロ)　白色申告者の場合（**事業専従者控除**）

　白色申告者の家族従業員１人につき、次のａ、ｂのうち、いずれ
か低い方の金額を控除することができます（法57②）。

　ａ　事業主の配偶者である専従者……86万円

　　　それ以外の専従者……50万円

　ｂ　（事業専従者控除額控除前の事業所得、不動産所得及び山林所
　　　得の合計額）÷（事業専従者数＋１）

　なお、事業専従者については、事業主の配偶者控除又は扶養控除
の適用を受けることはできません（法２①三十三、三十四）。

ロ　家事関連費

　個人事業においては、接待費、交際費、寄附金、地代、家賃、水道料、
光熱費等について、それが事業用の使用部分か家事用の使用部分かの区
分が、必ずしも明確でない経費が発生する場合があります。このような
費用を家事関連費といいます。

　家事関連費については、その経費が業務上必要であり、その必要な部
分を明らかに区分することができる場合にはその明らかに区分できる部
分の金額が必要経費となります。

ただし、青色申告者についてはこの要件は緩和されており、取引の記録などに基づいて、業務上直接必要であったことが明らかな部分の金額は、必要経費に算入することができます（法45①一、令96）。

なお、罰金、科料などは必要経費とはなりません。

> ### 青色申告者のみに認められる経費

青色申告者に対してのみ認められる必要経費にはいろいろなものがありますが、その主なものに次のようなものがあります。

イ　減価償却における耐用年数の短縮と増加償却及び特別償却

特別の事由により、減価償却資産の実際の耐用年数がその法定耐用年数と著しく異なる場合には、国税局長の承認を受けて、その耐用年数を短縮することができます。また、機械等が通常の使用時間を超えて使用される場合には、確定申告期限までに税務署長に届け出て、その損耗の割合に応じて増加償却をして必要経費に算入することができます（令130、133）。

このほか、減価償却についての青色申告の特典としては、①中小事業者が機械等を取得した場合の特別償却、②地域経済牽引事業の促進区域内において特定事業用機械等を取得した場合の特別償却、③地方活力向上地域等において特定建物等を取得した場合の特別償却、④特定中小事業者が特定経営力向上設備等を取得した場合の特別償却、⑤認定特定高度情報通信技術活用設備を取得した場合の特別償却、⑥事業適応設備を取得した場合等の特別償却、⑦特定船舶の特別償却、⑧被災代替資産等の特別償却、⑨特定事業継続力強化設備等の特別償却、⑩環境負荷低減事業活動用資産等の特別償却、⑪生産方式革新事業活動用資産等の特別償却、⑫特定地域における工業用機械等の特別償却、⑬医療用機器等の特別償却、⑭輸出事業用資産の割増償却、⑮特定都市再生建築物の割増

償却、⑯倉庫用建物等の割増償却などがあります。

　なお、震災税特法において、復興産業集積区域等において機械等を取得した場合などの特別償却や企業立地促進区域において機械等を取得した場合の特別償却、被災者向け優良賃貸住宅の割増償却などが創設されています。

ロ　一括評価による貸倒引当金

　商品を販売したときに、その代金を直ちに決済せずに、売掛金とか受取手形によることがあります。このような事業の貸金等（債権）については、相手方に返済能力がなく貸倒れになることがありますが、そのような場合に備えるために貸倒引当金を設けて、必要経費とすることが認められています。その貸倒引当金の計算に当たっては、個々の債務者等ごとに判定して計算するのが原則です（個別評価、66頁参照）が、青色申告者の場合は、これを一括して計算することができます（法52②、令145①）。

　ただし、貸金等に係る貸倒引当金の個別評価の計算の基礎となった貸金等やその債権に係る債務者から受け入れた金額があるため実質的に債権と認められないもの、あるいは次のような債権は、一括評価による貸倒引当金の対象となる貸金に該当しません。

ⓐ　保証金、敷金、預け金などの貸金

ⓑ　手付金、前渡金などで資産の取得の代価又は費用の支出に充てられるもの。

ⓒ　前払の給料、概算払の旅費、前渡しの交際費等、将来精算される費用の前払として一時的に仮払金や立替金として支出したものなど。

　貸倒引当金の繰入限度額は、事業に関して生じた売掛金、貸付金等のうち、12月31日におけるその帳簿額の合計額の$\frac{55}{1,000}$（金融業の場合は

$\dfrac{33}{1,000}$）に相当する金額です。なお、繰入れた金額は、翌年にその全額を収入金額に戻さなければなりません。このような方式を洗い替え方式といいます（法52③、令145）。

【設例4】 貸倒引当金の繰入額の計算

次の例によって、貸倒引当金の繰入額の計算方法を説明します。

物品販売業を営んでいる人が、年末に次のような債権を有していました。

受 取 手 形	3,000,000円
売 掛 金	1,000,000円
前 払 家 賃	30,000円
友人に対する貸付金	300,000円
株券売却の未収入金	50,000円
小切手（売掛金の回収）	100,000円

〔解　答〕

貸金合計額＝受取手形＋売掛金＝4,000,000円

貸倒引当金勘定の繰入限度額＝$4,000,000円 \times \dfrac{55}{1,000} = 220,000円$

〔解　説〕

前払家賃、友人に対する非営業用の貸付金、株券売却の未収入金等は、貸倒引当金勘定の対象になりません。また、小切手は、銀行に提示すれば現金とすることができますので、貸倒引当金の対象となる貸金等にはなりません。

ハ　退職給与引当金

退職給与規程等を定めている人が、従業員の退職の際に支払う退職給与に充てるため、次の金額を退職給与引当金勘定に繰入れたときは、そ

の金額を必要経費とすることができます。

　この場合、労働協約による退職給与規程がある人については、次の①、②のうちいずれか低い金額が限度であり、労働協約によって退職給与規程が定められておらず、一定の事実を証する書面の提出のない場合は、次の①、②、③のうちいずれか低い金額を限度とします。

① その年末現在における従業員の退職給与の要支給額 － 前年末から引き続き在職するものの前年末における要支給額

② その年末現在における退職給与の要支給額 × 繰入率20％ － 年末現在における前年から繰り越された退職給与引当金の額

③ その年末現在に在職する常備の全従業員に対するその年中の給与総額 × $\dfrac{6}{100}$

　実際に退職給与を支払った場合には、前年末に自己の都合で退職したと仮定した場合に前年末現在の退職給与規程により計算される金額を引当金勘定から取崩して収入金額に算入するとともに、その実際に支払った退職給与の金額を必要経費に算入することになります。

　なお、青色申告書の提出の承認を取り消された場合や青色申告をやめた場合には、それまでの退職給与引当金勘定の金額を、その年から３年間、３分の１ずつ取り崩して事業所得の収入金額とします（法54）。

二　棚卸資産の評価における低価法の選択

　棚卸資産の評価は、取得価額により計算した原価法（58頁参照）のほかに、低価法を選択することができます。

　低価法とは、原価法のうちあらかじめ選択した方法で評価した価額と、その棚卸資産を年末における価額とを比べてその低い方の価額をその棚卸資産の価額とする方法です（令99）。

【設例5】 棚卸資産の低価法による評価

次の例によって棚卸資産の低価法による評価を説明します。

年末における商品の棚卸の明細は次の表のとおりです。

届け出ている評価方法は、先入先出法による低価法です。

棚卸の明細表

区　　　　　分	先 入 先 出 法	年 末 の 時 価
A　　商　　品	250,000円	260,000円
B　　商　　品	180,000円	180,000円
C　　商　　品	300,000円	290,000円
D　　商　　品	150,000円	160,000円
E　　商　　品	120,000円	130,000円
計	1,000,000円	1,020,000円

〔解　答〕

本年末の低価法による棚卸高の算定　　下の表のとおり990,000円

区　　　分	先入先出法による評価	年 末 の 時 価	低い方の価格
A　　商　　品	250,000円	260,000円	250,000円
B　　商　　品	180,000円	180,000円	180,000円
C　　商　　品	300,000円	290,000円	290,000円
D　　商　　品	150,000円	160,000円	150,000円
E　　商　　品	120,000円	130,000円	120,000円
計	1,000,000円	1,020,000円	990,000円

青 色 申 告 特 別 控 除

青色申告者には、次の区分に応じ最高65万円又は10万円の青色申告特別控除が認められます（措25の2）。

(1)　不動産所得又は事業所得を生ずべき事業を営む青色申告者（現金主義によることを選択している人を除きます。）で、これらの所得に係る取引を正規の簿記の原則により記帳している人……一定の要件の下で、不

動産所得又は事業所得の金額から、55万円（不動産所得、事業所得の合計額が55万円に満たない場合には、その金額）を控除します。

　ただし、次に掲げるいずれかの要件を満たす人の青色申告特別控除の控除額は、65万円となります。

　　イ　その年分の所得税の確定申告書、貸借対照表及び損益計算書等の提出を、その提出期限までに電子情報処理組織（e-Tax）を使用して行うこと。

　　ロ　その年分の事業に係る仕訳帳及び総勘定元帳について、電子計算機を使用して作成する国税関係帳簿書類の保存方法等の特例に関する法律に定めるところにより電磁的記録の備付け及び保存等を行っていること。

(2)　上記(1)の控除を受ける人以外の青色申告者……不動産所得、事業所得又は山林所得の金額から10万円（不動産所得、事業所得、山林所得の合計額が10万円に満たない場合には、その金額）を控除します。

　なお、青色申告特別控除額は、①不動産所得、②事業所得、③山林所得の順に控除します。

（3）消費税等の経理処理

　消費税及び地方消費税の会計処理については、①消費税額及び地方消費税額（「消費税額等」といいます。）を売上高及び仕入高に含めて経理する方法（税込経理）と、②消費税額等を売上高及び仕入高に含めないで区分して経理する方法（税抜経理。取引の都度区分する方法と期末に一括区分する方法があります。）があります。

　いずれの方法を採用するかは事業者の任意ですが、納付する消費税額等は同額となります。この二つの方法の概要は、下記の表のとおりです。

　表中の税抜経理方式の場合の注1については、課税売上割合が95％未満の場合又は課税売上高が5億円超の場合には、課税仕入れ等に係る消費税額等の全額を控除することはできず、課税売上げに対応する部分のみが控除されます。これにより生じる控除対象外消費税額等で資産に係るものについては、個々の資産の取得価額に含めて計上するか、繰延消費税額等として6年間で必要経費の額に算入します。

　ただし、次のもの及び資産に係るもの以外のものについては、その年において一時の必要経費とすることになります。

①　その課税期間の課税売上割合が80％以上である場合における仕入控除対象外消費税額

②　棚卸資産に係る控除対象外消費税額等

③　棚卸資産以外の資産に係る20万円未満の控除対象外消費税額等
（個々の資産ごとに判定）

　また、注2については、簡易課税制度の適用を受ける場合に、仮受消費税額等から仮払消費税額等を控除した金額と実際に納付すべき税額とに差額が生じることになります。これにより生じる控除対象外消費税額については、その年の収入金額とします。

区分	①　税込経理方式	②　税抜経理方式
特　徴	売上げ又は仕入れに係る消費税額等を、売上金額、資産の取得価額又は役務提供の対価の額に含めるため、税抜計算の手数が省けます。	売上げ又は仕入れに係る消費税額等は、仮受消費税等又は仮払消費税等とされ、預り金に過ぎませんが、税込経理方式に比べ税抜計算の手数が掛かります。
売上げに係る消費税額等	売上金額に含めて計上します。	仮受消費税等とします。
仕入れに係る消費税額等	仕入金額、資産の取得価額又は役務提供の対価の額とします。	仮払消費税等とします。注1

納 付 税 額	租税公課として必要経費に算入します。	仮受消費税等から仮払消費税等を控除した金額であり、原則として損益には関係しません。 注2
還 付 税 額	雑収入として収入金額に算入します。	仮受消費税等より仮払消費税等が多い場合の差額ですが、原則として損益には関係しません。

6 給与所得の計算

　給与所得の金額は、給与等の収入金額から次により計算した給与所得控除額を差し引いて算出します。

（1）給与所得控除額の計算

　給与等の収入金額に応じ次により計算します（法28②③）。

〔給与所得控除額の速算表〕

給与等の収入金額		給与所得控除額
	162万5千円以下	55万円
162万5千円超	180万円以下	その収入金額×40% −10万円
180万円超	360万円以下	その収入金額×30% ＋8万円
360万円超	660万円以下	その収入金額×20% ＋44万円
660万円超	850万円以下	その収入金額×10% ＋110万円
850万円超		195万円

　なお、給与所得の金額の計算は上記のとおりですが、給与収入6,600,000円未満については、別に定められた「簡易給与所得表」（205頁参照）により、個別の給与等の収入金額に対応する給与所得金額を求めますので若干の相違が生じます（法28④）。

　給与所得控除は、主として、事業所得の場合などの必要経費に相当するものです。しかし、給与収入に係る必要経費相当額といっても事業所得などの必要経費のように、はっきりした数字で確定することは困難で

す。また、給与所得は、資産所得や事業所得と異なり、給与所得者が死亡した場合、ただちに収入がとだえる性質のものであるため、担税力は低いと考えられます。

このようなことから必要経費の概算控除、担税力の調整などを考慮して、収入金額に対して一定の金額を控除する給与所得控除が設けられているわけです。

（2）所得金額調整控除額

給与所得の金額は、上記(1)の速算表による給与所得控除額を差し引いて計算しますが、その年の給与等の収入金額が850万円を超える人が、次のいずれかに該当する場合には、次の速算表により計算した金額をその年分の給与所得の金額から控除します（措41の3の3①）。

① 特別障害者（131頁参照）である人

② 特別障害者である同一生計配偶者を有する人

③ 特別障害者である扶養親族を有する人

④ 年令23歳未満の扶養親族を有する人

〔所得金額調整控除額の速算表〕

給与等の収入金額	所得金額調整控除額
850万円超　1,000万円以下	その収入金額×10％－85万円＝控除額
1,000万円超	15万円

この控除額は、総所得金額を計算する際に、その年分の給与所得の金額から控除します（措41の3の3⑤）。

なお、公的年金等に係る雑所得の金額がある場合には、更に、106頁で計算した所得金額調整控除額を、その年分の給与所得の金額から控除します。

（3）特定支出控除

　その年中の特定支出の額の合計額が特定支出限度額を超える場合は、次の算式によりその年分の給与所得の金額とすることができます（法57の2）。

$$\left(\begin{array}{c}\text{その年中の給与}\\\text{等の収入金額}\end{array} - \begin{array}{c}\text{その年分の給与}\\\text{所得控除額}\end{array}\right) - \left(\begin{array}{c}\text{その年中の特定}\\\text{支出の合計額}\end{array} - \begin{array}{c}\text{特定支出}\\\text{限度額}\end{array}\right) = \begin{array}{c}\text{給与所得}\\\text{の金額}\end{array}$$

　算式中の「特定支出限度額」とは、その年分の給与所得控除額の2分の1の金額です。

　「**特定支出**」とは、次に掲げる支出をいいます。ただし、その支出につきその人に係る給与等の支払者から補てんされる部分（所得税が課されないもの）がある場合には、その補てんされる部分は除かれます。

① 　通勤費：通勤の経路、方法が通勤の運賃、時間、距離などの事情に照らしあわせてみて、もっとも経済的かつ合理的であると、給与等の支払者により証明されたもののうち、一般の通勤者につき通常必要な支出

② 　職務上旅費等：職務をする場所を離れて職務を遂行するために直接必要な旅行であることにつき給与等の支払者により証明された旅費等で通常必要と認められるもの。

③ 　転居費：転任に伴う転居であることについて、給与等の支払者により証明されたその転居のために通常必要であると認められる支出

④ 　研修費：職務の遂行に直接必要な技術又は知識を習得するための研修（人の資格を取得するためのものを除きます。）であるとして、給与等の支払者により証明されたその研修のための支出

⑤ 　資格取得費：人の資格を取得するための支出で、職務の遂行に直接必要なものとして給与等の支払者により証明されたもの。

⑥ 　帰宅旅費等：転任に伴い、配偶者や一定の子と別居することとなっ

たことについて給与等の支払者により証明がされた場合で、その人の勤務する場所とその配偶者等の居住する場所との間の往復旅費等のうち特定のもの。

⑦　次に掲げる支出（その支出の額の合計額が65万円を超える場合には、65万円までの支出に限ります。）で、その支出がその人の職務の遂行に直接必要なものとして給与等の支払者により証明がされたもの。

a　書籍、定期刊行物その他の図書で職務に関連するもの及び制服、事務服その他の勤務場所において着用することが必要とされる衣服を購入するための支出

b　交際費、接待費その他の費用で、給与等の支払者の得意先、仕入先その他職務上関係のある者に対する接待、供応、贈答その他これらに類する行為のための支出

7　退職所得の計算

　退職金は、長年の勤務の対価であることなどから、他の所得と分離して2分の1課税されるなど、軽い税負担で済むよう配慮されています。

　退職所得の金額は、次の算式で計算します（法30②）。

$$（収入金額－退職所得控除額）\times\frac{1}{2}＝退職所得の金額$$

なお、退職所得の源泉徴収については、21頁参照。

（1）退職所得控除額の計算

　退職所得控除額は、勤続年数（1年未満の端数は1年に切上げ）に応じ次のようになっています（法30③④）。

①　勤続年数が20年までの場合……40万円×勤続年数

　ただし、その額が80万円未満のときは80万円とします。

② 勤続年数が20年を超える場合……70万円×勤続年数−600万円

　なお、退職者が在職中障害者となったことに直接基因して退職したと認められるときは、更に100万円加算した金額が退職所得控除額になります。

　また、退職手当の支払を受ける人が前年以前にも他の退職手当の支払を受けており、しかも新たに支払を受ける退職手当の計算の基礎とされた勤続期間に従前の退職手当の計算の基礎とされた勤続期間が含まれている場合の退職所得控除額は、その新たに支払を受ける退職手当の計算の基礎となったすべての勤続期間を基として計算した控除額から、従前の退職手当についてその支払の基礎となった勤続年数を基として計算した控除額を差し引いた金額となります（令69、70）。

【設例6】　退職所得の計算

　次の例により退職所得金額の計算方法を説明します。

　甲、乙、丙の3人は、6月末に退職一時金の支払を受けて退職しました。

　　　　甲の在職年数9か月　　　　　　90万円
　　　　乙の在職年数10年2か月　　1,000万円
　　　　丙の在職年数20年4か月（業務上の事故で障害者となり退職）
　　　　　　　　　　　　　　　　2,000万円

〔解　答〕

(1)　退職所得控除額の計算

　a　甲の控除額　9か月＝1年（1年未満の端数は1年に切り上げる。）

　　　400,000円×1年＝400,000円
　　　400,000円＜800,000円　　　　よって控除額は800,000円

b　乙の控除額　10年2か月＝11年（1年未満の端数は1年に切り上げる。）

$$400,000円×11年＝4,400,000円$$

c　丙の控除額　20年4か月＝21年（1年未満の端数は1年に切り上げる。）

$$700,000円×21年－6,000,000円＝8,700,000円$$
障害者加算……1,000,000円
よって控除額計　9,700,000円

(2)　退職所得金額の計算

甲　$(900,000円－800,000円)×\frac{1}{2}＝50,000円$

乙　$(10,000,000円－4,400,000円)×\frac{1}{2}＝2,800,000円$

丙　$(20,000,000円－9,700,000円)×\frac{1}{2}＝5,150,000円$

（2）特定役員退職手当等及び短期退職手当等に係る特例

イ　特定役員退職手当等に係る特例

　退職所得の金額は、87頁の算式のとおり2分の1の金額を課税対象（2分の1課税）とし、税負担を軽減することとされています。

　ただし、特定役員退職手当等について、平成25年分以降、この2分の1課税の軽減措置の対象から除外することとされています（法30、201）。

　この場合の「特定役員退職手当等」とは、役員等（次に掲げる人をいいます。）としての勤続年数が5年以下である人が、退職手当等の支払をする者からその役員等勤続年数に対応するものとして支払を受けるものをいいます。

①　法人税法第2条第15号に規定する役員

②　国会議員及び地方公共団体の議会の議員

③　国家公務員及び地方公務員

なお、同一年中に、2分の1課税の対象になる退職手当等とそれ以外の退職手当等とがあり、それぞれの勤務年数に重複する期間がある場合の退職所得の金額の計算方法について法令上の所要の措置が講じられています。次の**ロ**において同じです（令71の2）。

ロ　短期退職手当等に係る特例

　また、令和3年の税制改正では、「短期退職手当等」についても、令和4年分以降、2分の1課税の対象から除外することとされました（法30）。

　この場合の短期退職手当等とは、勤務年数が5年以下の人が、退職手当等の支払をする者からその人の勤続年数に対応するものとして支払を受けるもので、特定役員退職手当等に該当しないものをいいます。ただし、短期退職手当等の収入金額から退職所得控除額を控除した残額のうち300万円までの金額については、2分1課税の対象とすることとされます。

　これを算式にすると、次に掲げる場合の区分に応じ、それぞれに掲げる金額が退職所得の金額となります。

ⅰ　短期退職手当等の収入金額から退職所得控除額を控除した残額が300万円以下である場合

$$当該残額 \times \frac{1}{2} = 退職所得の金額$$

ⅱ　ⅰ以外の場合

$$短期退職手当等の収入金額 - \left(退職所得控除額 + 300万円\right) + \left(300万円 \times \frac{1}{2}\right)$$

8　山林所得の計算

　山林所得の金額は、次の算式で計算します（法32）。

$$収入金額 - 必要経費 - 特別控除額 = 山林所得の金額$$

特別控除額は、50万円（所得金額が50万円未満のときはその金額）です。

（1）収入金額

　山林所得の収入金額は、その代金をまだ受け取っていないときでも、その年に山林を引渡していれば、未収入金も含めて計算します。

（2）必要経費

　必要経費は、植林費、取得費、育成費、管理費、伐採費、譲渡に要した費用などです。

　しかし、昭和27年12月31日以前から所有していた山林を伐採又は譲渡したときは、その山林の昭和28年1月1日現在の相続税の評価額とその日以降に支出した管理費、伐採費その他の経費の合計額を必要経費とすることができます（法61①、令171）。

　また、伐採又は譲渡した年の15年前（令和6年中の場合には、平成22年）の12月31日以前から引き続き所有していた山林については、次の算式で計算した金額によることができます（措30①④、措規12）。

> {収入金額−（伐採費＋譲渡経費）}×概算経費率50％＋（伐採費＋譲渡経費）
> ＝必要経費

　災害や盗難又は横領によって山林に生じた損失は、その損失の生じた年分の事業所得又は山林所得の金額の計算上必要経費に算入することができます（法51③）。

（3）山林所得の課税の軽減

　山林所得の課税が軽減される特例には、次のものがあります。

① 　森林計画特別控除の特例

② 収用などにより山林を譲渡した場合の特例

③ 山林の譲渡代金が貸倒れになった場合の特例

④ 保証債務を履行するため山林を譲渡した場合の特例

9 譲渡所得の計算

　土地や借地権、建物等の譲渡所得は申告分離課税、その他の資産の譲渡所得は総合課税になっています。

　譲渡所得の金額は、基本的には次の算式で行います（法33③）。

　　　収入金額－（取得費＋譲渡経費）－特別控除＝譲渡所得の金額

　総合課税の譲渡所得のうち長期譲渡所得については、他の所得と総合する際に譲渡所得金額を2分の1とします（法22②）。

（1）収入金額

　収入金額に算入すべき時期は、原則として資産の引渡しの日によることとなっています。しかし、譲渡契約の効力発生の日で申告している場合には、その譲渡契約の効力が発生する日によることが認められています。

　また、資産を時価の2分の1に満たない価額で法人に譲渡した場合、あるいは、贈与（法人に対するものに限ります。）又は相続（限定承認に係るものに限ります。）若しくは遺贈（法人に対するもの及び個人に対する包括遺贈のうち限定承認に係るものに限ります。）の場合には、原則として時価で譲渡したものとみなされます（法59①、令169）。

　ただし、中小企業者に該当する内国法人の取締役又は業務を執行する社員である個人でその法人の保証債務を有する人が、その有する資産（有価証券を除きます。）でその資産に設定された賃借権、使用貸借権その

他資産の使用又は収益を目的とする権利が現にその法人の事業の用に供
されているものを、その法人に係る合理的な再生計画に基づき、その法
人に贈与した場合には、次に掲げる要件を満たしているときに限り、一
定の手続の下でその贈与によるみなし譲渡課税を適用しないこととされ
ています（法59①、措40の3の2）。

① その個人が、再生計画に基づき、その法人の債務の保証に係る保証
債務の一部を履行していること。

② その債務処理計画に基づき行われたその法人に対する財産の贈与及
び保証債務の一部の履行後においても、その個人がその法人の債務の
保証に係る保証債務を有していることが、その債務処理計画において
見込まれていること。

③ その法人が、その資産の贈与を受けた後に、その資産をその法人の
事業の用に供することがその債務処理計画において定められているこ
と。

④ その法人が中小企業者等に対する金融の円滑化を図るための臨時措
置に関する法律に規定する金融機関から受けた事業資金の貸付けにつ
き、その貸付けに係る債務の弁済の負担を軽減するため、条件の変更
が行われていること。

（2） 取得費

譲渡資産の取得費は、譲渡した資産の取得に要した金額にその後の設
備費と改良費を加えて計算します（法38①）。

しかし、昭和27年12月31日以前から引き続き所有している資産の場合
には、昭和28年1月1日現在の相続税評価額とその日以後に支出した設
備費、改良費の合計額を取得費とすることができます（法61②③）。

また、土地や建物の場合には、土地などの譲渡による収入金額の５％相当額と実際の取得費のうち、いずれか高い方の金額を取得費とすることができます（昭和28年１月１日以降に取得した土地などについても収入金額の５％相当額を取得費としても差し支えありません。）（措31の４）。

　所有権等の帰属について争いのある資産で、その所有権等を確保するために直接要した訴訟費用、和解費用などの額は、その資産の取得費に算入することができます。

　なお、贈与や相続によって資産を取得した場合には、次に留意してください。

① 　その資産を贈与、相続（限定承認に係るものを除きます。）又は遺贈（包括遺贈のうち限定承認に係るものを除きます。）によって取得している場合は、譲渡価額から差し引くことのできる取得費については、贈与者や被相続人から取得者に引き継ぐこととされており、その取得時期も贈与者等の取得時期を引き継ぐこととされています。また、資産を時価の２分の１に満たない価額で譲り受けた場合にも、その取得費及び取得時期を引き継ぐこととされています（法60①）。

② 　贈与や相続の際に取得者が支払った登記費用や名義書換手数料の金額も他の所得の必要経費となるものを除き、取得費に含まれます（上記の５％概算取得費控除の特例（措31の４）を選択する場合を除きます。）。

（3）相続財産を譲渡した場合の取得費加算の特例

　相続や遺贈で取得した財産を、その相続開始のあった日の翌日から相続税の申告書の提出期限の翌日以後３年以内に譲渡した場合には、その譲渡した資産の取得費は、通常の方法により計算した取得費に、その相続等で取得した財産に課された相続税額のうちその譲渡した資産に対応

する金額を加算した額とすることができます（措39）。

（4）配偶者居住権及び配偶者敷地利用権の消滅等に係る取得費の特例

　配偶者居住権又は配偶者敷地利用権が消滅等をし、その消滅等の対価として支払を受ける金額に係る譲渡所得の金額の計算上控除する取得費は、配偶者居住権の目的となっている建物又はその建物の敷地の用に供される土地等（以下「居住建物等」といいます。）についてその被相続人に係る居住建物等の取得費に配偶者居住権等割合を乗じて計算した金額から、その配偶者居住権の設定から消滅等までの期間に係る減価の額を控除した金額となります（法60②）。

　また、相続により居住建物等を取得した相続人が、配偶者居住権及び配偶者敷地利用権が消滅する前にその居住建物等を譲渡した場合における譲渡所得の金額の計算上控除する取得費は、その居住建物等の取得費から配偶者居住権又は配偶者敷地利用権の取得費を控除した金額となります。

（5）買換え（交換）の特例
イ　特定の居住用財産の買換えの場合

　居住用財産で所有期間が10年を超えるものを譲渡（譲渡対価の合計額が1億円を超える場合等を除きます。）して、一定の要件に該当する居住用財産に買い換える場合は、次のとおりとなります（措36の2）。
① 　譲渡した居住用財産の譲渡代金が買い換えた居住用財産の取得価額を上回るときは、その上回る金額についてだけ課税されます。
② 　譲渡した居住用財産の譲渡代金が買い換えた居住用財産の取得価額と同額か又は下回るときは、課税されません。

なお、この特例は、その年、前年又は前々年において、譲渡した資産について3,000万円の特別控除の特例（99頁の**ホ**）との選択適用となっていますので、その特例の適用を受けるときは、この買換えの特例の適用は受けられません。

ロ　特定の事業用資産の買換えや交換の場合

　事業の用に供している土地（土地の上にある権利を含みます。）や建物、構築物で所有期間が５年を超えるものを譲渡し、その年中に土地や建物、構築物などを取得してその取得の日から１年以内に事業の用に供する場合やこれらの資産を交換した場合には、

①　譲渡による収入金額が買換資産の取得価額以下であるときは、原則として譲渡による収入金額の20％に相当する金額を超える部分につき譲渡があったものとし、

②　譲渡による収入金額が買換資産の取得価額より多いときは、原則として買換資産の取得価額の80％に相当する金額を超える部分につき譲渡があったものとして、

譲渡所得の金額を計算します（措37、37の４）。

ハ　土地や家屋などが収用された場合

　土地や家屋などが収用を受け、その補償金で代替資産を取得した場合には、5,000万円の特別控除の特例（98頁の**イ**）か、事業用資産の買換えの特例に準じた買換えの特例かのいずれかを選択することができます（措33、33の２、33の３）。

ニ　土地、建物などの交換の場合

　土地、建物などを交換した場合には譲渡があったものとされます。しかし、１年以上所有していた土地（建物又は構築物の所有を目的とする地上権と賃借権、農地法に規定する農地の上に存する耕作に関する権利を含みます。）、

建物（附属する設備と構築物を含みます。）、機械及び装置、船舶又は鉱業権（租鉱権、採石権その他土石を採掘し又は採取する権利を含みます。）を、他の人が1年以上所有していた同じ種類の資産と交換して、それを交換前と同じ用途に使用した場合には、原則として譲渡はなかったものとして課税されません（法58）。

このほか、買換え（交換）の特例として次のようなものがあります。

① 既成市街地等内にある土地等の中高層耐火建築物等の建設のための買換え（交換）をした場合（措37の5）

② 特定の交換分合により土地等を譲渡した場合（措37の6）

③ 大規模な住宅地造成事業の施行区域内にある土地等の造成のための交換等の場合（措37の7）

④ 特定普通財産とその隣接する土地等の交換の場合（措37の9の4）

（6）総合課税の場合の特別控除

総合課税の場合の特別控除額は原則として50万円です。ただし、譲渡益が50万円未満のときはその金額が控除額となります。譲渡所得には、短期譲渡所得と長期譲渡所得がありますが、特別控除はまず短期譲渡所得から控除し、引き切れないときには長期譲渡所得から控除します。なお、課税の対象となる譲渡所得金額は、短期譲渡所得金額の全額と長期譲渡所得金額の2分の1の金額の合計額です（法33④⑤、22②）。

（7）申告分離課税の場合の特別控除

申告分離課税の場合の特別控除の取扱いは、次のとおりです。

なお、**イ**から**ト**までの特別控除は、同一人については、合わせて年間5,000万円が限度とされます（措36）。

イ　収用交換等のために土地等を譲渡した場合……5,000万円

　収用交換等のための譲渡とは、土地収用法や河川法、都市計画法など
の法律によって収用又は買い取られ、補償金又は対価を取得する場合な
どのことをいいます。この場合において収用等の代替資産を取得した場
合の特例の適用を受けないときには、この特別控除の適用を受けること
ができます（措33の4）。

ロ　特定土地区画整理事業等のために土地等を譲渡した場合……2,000
　万円

　特定土地区画整理事業等のための譲渡とは、国や地方公共団体、独立
行政法人都市再生機構等が土地区画整理事業として行う公共施設の整備
改善や宅地造成事業のため宅地の造成の用に供するために買い取られる
場合、古都における歴史的風土の保存に関する特別措置法等によって買
い取られる場合、文化財保護法に基づき史跡として指定された土地や自
然公園法に基づき特別地域として指定された区域内の土地が国や地方公
共団体に買い取られる場合（独立行政法人国立博物館又は独立行政法人国立科
学博物館に買い取られる場合を含みます。）などのことをいいます（措34）。

ハ　特定住宅地造成事業等のために土地等を譲渡した場合…1,500万円

　特定住宅地造成事業等のための譲渡とは、地方公共団体等の行う住宅
建設又は宅地造成のために買い取られる場合、収用対象事業を行う者に
よって収用の対償に充てるために買い取られる場合、公有地の拡大の推
進に関する法律によって買い取られる場合などのことをいいます（措34
の2）。

ニ　農地保有の合理化等のために農地等を譲渡した場合……800万円

　農地保有の合理化等のための譲渡とは、農業振興地域の整備に関する
法律に基づく勧告に係る協議、調停又はあっせんによって譲渡した場合、

農村地域工業等導入促進法に基づく工場用地用に譲渡した場合などのことをいいます（措34の3）。

ホ　居住用財産を譲渡した場合……3,000万円

　本文中の④、⑤及び⑥の場合については、その家屋及び敷地等を取得した相続人の数が3人以上であるときは、3,000万円の特別控除額は、2,000万円となります（措35④）。

　この特別控除の対象となるのは、次の場合です（措35）。

① 　現に居住している家屋及びその敷地を譲渡した場合（措35②一）

② 　災害によって居住用の家屋が滅失した場合にその家屋の敷地を譲渡した場合（措35②二）

③ 　居住の用に供さなくなった家屋及びその敷地を譲渡した場合（措35②二）

④ 　昭和56年5月31日以前に建築された家屋（マンションなどの区分所有建築物を除きます。）であって、相続の開始の直前において被相続人以外に居住していた人がいなかったもの（相続開始直前において老人ホーム等に入居しているなど一定の要件に当てはまる場合を含みます。以下「被相続人居住用家屋」といいます。次の⑤において同じです。）の譲渡又はその被相続人居住用家屋とともにするその敷地の用に供されている土地等の譲渡をした場合。ただし、家屋については、次に掲げる要件を満たすものに限られます（措35③一）。

㈠　相続の時から譲渡の時まで事業の用、貸付けの用又は居住の用に供されたことがないこと。

㈡　譲渡の時において耐震基準に適合するものであること。

⑤ 　被相続人居住用家屋の除却等をした後における、その敷地の用に供されていた土地等の譲渡をした場合。ただし、家屋及び土地等につい

てそれぞれ次に掲げる要件を満たすものに限られます（措35③二）。

(イ)　家屋については、相続の時から除却等をした時まで事業の用、貸付けの用又は居住の用に供されたことがないこと。

(ロ)　土地等については、相続の時から譲渡の時まで事業の用、貸付けの用又は居住の用に供されたことがないこと。また、除却等の時から譲渡の時まで建物等の敷地の用に供されたことがないこと。

⑥　被相続人居住用家屋の譲渡又はその被相続人居住用家屋とともにするその敷地等の譲渡をした場合で、次に掲げる要件を満たすとき（措35③三）

(1)　譲渡の時からその年の翌年2月15日までの間に耐震基準に適用することとなること。

(2)　その家屋の全部の除却等がされること。

(3)　相続の時から譲渡の時まで事業の用、貸付けの用又は居住の用に供されたことがないこと。

上記②及び③については、その居住の用に供さなくなった日から3年を経過する日の属する年の12月31日までに譲渡した場合に適用できます（措35②二）。

また、上記④、⑤及び⑥については、いわゆる「**相続による空き家対策**」として平成28年4月1日から令和9年12月31日までの間にする譲渡について適用されます。ただし、相続の時からその相続の開始があった日以後3年を経過する日の属する年の12月31日までの間にする譲渡に限られ、譲渡の対価の額が1億円を超えるものなどを除くこととされています（措35③）。

● **被相続人居住用家屋等を譲渡した場合の特別控除の改正**（令和6年から適用）

令和5年の税制改正により、以下の改正が行われ、令和6年から譲渡するものについて適用することとされました。

1　この特例の適用対象に、被相続人居住用家屋の譲渡又はその被相続人居住用家屋とともにするその敷地等の譲渡をした場合で、次に掲げる要件を満たすときを加える（措35③三）。

　(1)　譲渡の時からその年の翌年2月15日までの間に耐震基準に適用することとなること。

　(2)　その家屋の全部の除却等がされること。

　(3)　相続の時から譲渡の時まで事業の用、貸付けの用又は居住の用に供されたことがないこと。

2　上記1の場合のほか、本文中の④及び⑤の場合については、その家屋及び敷地等を取得した相続人の数が3人以上であるときは、3,000万円の特別控除額は、2,000万円とする（措35④）。

ヘ　**特定期間の土地等の長期譲渡所得の特別控除**……1,000万円

平成21年1月1日から平成22年12月31日までの間に取得（特別の関係がある人からの取得、相続などによるものを除きます。）をした国内にある土地等で、その年1月1日において所有期間が5年を超えるものの譲渡をした場合には、その年中に譲渡した土地等の長期譲渡所得の金額から1,000万円が差し引かれます（措35の2）。

ト　**低未利用土地等を譲渡した場合**……100万円

都市計画区域内にある低未利用土地又はその上に存する権利（以下「低未利用土地等」といいます。）でその所有期間が5年を超えるもの（譲渡対価

の額が500万円（市街化区域等の一定の区域内にあるものについては、800万円）を超えるものなど一定のものを除きます。）を、令和2年7月1日から令和7年12月31日までの間に譲渡した場合（譲渡後の低未利用土地等の利用についての市区町村の長の確認がされた場合に限ります。）には、この特別控除の適用を受けることができます（措35の3）。

　なお、低未利用土地等が共有である場合の譲渡対価の額は、所有者ごとの譲渡対価の額により判定します（措通35の3－2）。

（8）税率の特例

　申告分離課税の譲渡所得に適用される税率は、長期譲渡所得については15％、短期譲渡所得については30％とされていますが、税率の特例として次の表のようなものがあります（30頁の(7)参照）。

項　　　　目		税　額　の　計　算
長 期	長期保有の土地を優良住宅地の造成等に売ったときの特例（措31の2）	特定	・課税譲渡所得が2,000万円までの場合 　課税譲渡所得×10％ ・課税譲渡所得が2,000万円を超える場合 　（2,000万円を超える部分の課税譲渡所得）×15％＋200万円
	居住用の家屋やその敷地を売ったときの軽減税率の特例（措31の3）	軽課	・課税譲渡所得が6,000万円までの場合 　課税譲渡所得×10％ ・課税譲渡所得が6,000万円を超える場合 　（6,000万円を超える部分の課税譲渡所得）×15％＋600万円
短 期	国等に土地等を譲渡した場合の軽減税率の特例（措32③）	軽減	課税譲渡所得×15％

（9）　公社債株式等に係る譲渡所得等の特例

　公社債株式等に係る譲渡所得等の金額の計算については、23頁の(3)を参照してください。

(10)　その他の特例

　その他の特例としては次のようなものがあります。

①　国や地方公共団体に資産を寄附した場合（措40）

②　国（独立行政法人国立博物館、独立行政法人国立美術館及び独立行政法人国立科学博物館を含みます。）、地方公共団体や地方独立行政法人に重要文化財を譲渡した場合（措40の2）

③　相続税納付のために土地等を譲渡（物納）した場合（措40の3）

④　資力を喪失して債務を弁済することが著しく困難である場合（法9①十）

⑤　資産の譲渡代金が回収不能となった場合等（法64①②）

⑥　被災市街地復興土地区画整理事業による換地処分に伴い代替住宅等を取得した場合（震災税特法15）

⑦　被災市街地復興土地区画整理事業等のために土地等を譲渡した場合（震災税特法11の5）

⑧　被災居住用財産の敷地に係る譲渡期限の延長（震災税特法11の6）

⑨　買換資産の取得期間等の延長（震災税特法12の2）

10　一時所得の計算

　一時所得の収入金額は、その年中に収入することの確定した金額です。懸賞当選金品などを金銭の代わりに品物で受け取った場合は、原則として、時価で収入金額の計算を行います。

必要経費は、その収入を得るために直接支出した金額です。例えば、建物を明渡すために立退料を受け取った場合は、移転のために実際に支払った費用などが必要経費となります。また、生命保険の保険金を受け取った場合は、支払った掛金が必要経費となります（法34①②）。

　この収入金額から必要経費を控除し、更に特別控除額として50万円（特別控除前の金額が50万円未満のときはその金額）を控除して一時所得の金額を算出します。なお、総所得金額を計算するときは、一時所得の金額は更に2分の1になります（法22②二、34③）。

　一時所得の金額は、次の算式で計算します。

　　　総収入金額－収入を得るために直接支出した金額－特別控除額
　　　＝一時所得の金額

【設例7】　一時所得の計算

　　次の例により生命保険契約による満期保険金を受けた人の一時所得の金額の計算方法を説明します。

　　　　満期保険金　300万円　　支払保険料　220万円
　　　　既に支払を受けた剰余金の分配　90万円

〔解　答〕

　　　収入金額(満期保険金)　必要経費(支払保険料－剰余金)
　　　　300万円　　　　－　　（220万円－90万円）
　　　（特別控除）　（一時所得）
　　　　－50万円　＝　120万円
　　120万円×$\frac{1}{2}$＝60万円……他の所得と総合する一時所得の金額

　なお、生命保険契約等に基づく一時金に係る一時所得の金額の計算上、その支払を受けた金額から控除することができる保険料等の金額につい

ては、事業主が負担した保険料等の金額がある場合には、そのうち給与
所得に係る収入金額に算入された金額に限ることとされています（令183、
184）。

11 雑所得の計算

　雑所得の金額は、次の①と②の算式により計算したⒶとⒷの合計額で
す（法35②）。

　①　公的年金等以外　**総収入金額－必要経費＝Ⓐ**

　②　公的年金等　**収入金額－公的年金等控除額＝Ⓑ**（赤字のときは０）

　雑所得の収入金額は、その年中に収入することが確定した金額です。

　したがって、非営業用貸金の貸付利子や機械等の貸付料の収益で支払
期日がその年となっているものは、たとえ年末において未収であっても
その年の収入金額に含まれます。

　また、原稿料や印税など支払の際に源泉徴収されるものは、源泉徴収
前の金額が収入金額となります。

　必要経費は、その収入を得るために支出した金額です。例えば、原稿
を書くためや講演のために特別に支払った図書費や調査費、あるいは交
通費などで、その収入をあげるために必要な経費です。

　非営業用貸金の元本の貸倒れによる損失や固定資産の除却損なども必
要経費になります。ただし、雑所得の金額を限度として必要経費に算入
することができることになっています（法51④）。

　なお、家内労働者等の所得計算の特例は、74頁の♯を参照してくださ
い。

（1）公的年金等控除額の計算

上記②の算式中の「公的年金控除額」は、次の算式により計算します。

〔公的年金等控除額〕

			公的年金等の雑所得以外の所得の合計所得金額		
			1,000万円以下	1,000万円超 2,000万円以下	2,000万円超
公的年金等の収入金額（A）	年齢65歳未満の人	130万円以下	60万円	50万円	40万円
		130万円超 410万円以下	A×25％＋27.5万円	A×25％＋17.5万円	A×25％＋7.5万円
		410万円超 770万円以下	A×15％＋68.5万円	A×15％＋58.5万円	A×15％＋48.5万円
		770万円超 1,000万円以下	A×5％＋145.5万円	A×5％＋135.5万円	A×5％＋125.5万円
		1,000万円超	195.5万円	185.5万円	175.5万円
	年齢65歳以上の人	330万円以下	110万円	100万円	90万円
		330万円超 410万円以下	A×25％＋27.5万円	A×25％＋17.5万円	A×25％＋7.5万円
		410万円超 770万円以下	A×15％＋68.5万円	A×15％＋58.5万円	A×15％＋48.5万円
		770万円超 1,000万円以下	A×5％＋145.5万円	A×5％＋135.5万円	A×5％＋125.5万円
		1,000万円超	195.5万円	185.5万円	175.5万円

※　年齢65歳未満の人とは、令和6年分については、昭和35年1月2日以後に生まれた人です。

（2）所得金額調整控除額

公的年金等の雑所得の金額は、上記(1)により計算した公的年金等控除額を差し引いて計算しますが、給与所得控除後の給与等の金額及び公的年金等に係る雑所得の金額がある人で、その合計金額が10万円を超える人については、次の算式により計算した残額を、その年分の給与所得の金額から控除します（措41の3の3②）。

$$\left(\begin{array}{l}\text{給与所得控除後の給与等の金額}\\(10万円を超えるときは、10万円)\end{array}\right)+\left(\begin{array}{l}\text{公的年金等に係る雑所得の金額}\\(10万円を超えるときは、10万円)\end{array}\right)-10万円=\begin{array}{l}\text{所 得 金 額 調 整 控 除 額}\\(\text{マイナスの場合は、0円})\end{array}$$

　この控除額は、総所得金額を計算する際に、その給与所得の金額から控除します（措41の3の3⑤）。

12　外貨建取引の換算

　個人が外貨建取引を行った場合には、その外貨建取引の金額はその外貨建取引を行った時の外国為替の売買相場により円換算した金額として、その人の各年分の各種所得の金額を計算します（法57の3①）。

　ただし、先物外国為替契約等により外貨建資産・負債の円換算額を確定させた場合において、その先物外国為替契約等の締結の日にその旨を帳簿書類等に記載したときは、その確定させた円換算額をもってその外貨建取引の金額とします（法57の3②）。

6 青色申告制度とはどのようなものか

〔ポイント〕

● 青色申告制度は、正しい記帳に基づく適正な申告と納税を推進することを目的とするもので、青色申告者には所得計算上や申告、納税の手続上、多くの特典があります。

● 青色申告をすることができる人は、事業所得、不動産所得、山林所得のある人です。

● 青色申告をする人は、現金出納帳、売掛帳、買掛帳、経費帳及び固定資産台帳の5種類の簡易帳簿により記帳することができます。

● 青色申告をするためには、所定の期日までに「青色申告承認申請書」を提出しなければなりません。

1 青色申告制度について

(1) 青色申告とは

　所得税は、納税者が自ら自分の所得や税金を正しく計算して、申告し、納税する申告納税制度を採用しています。

　この申告納税制度が円滑に行われるためには、納税者が一定の帳簿を備え、正しい記帳に基づいて正確に所得を計算することが必要です。そこで、自主的に正しい申告をするため一定の帳簿を備えて正確な記帳を行っている人には、所得計算上あるいは申告や納税の手続上、多くの特

典が与えられています。このような申告をする人を青色申告者といい、それ以外の人を白色申告者といいます。青色申告者は、確定申告書も白色申告者とは区別して青色の申告書を提出することになっています（法143）。

（2）青色申告のできる人

　青色申告をすることができる人は、事業所得、不動産所得又は山林所得を生ずべき業務を営んでいる人です。

　この青色申告の承認は、納税者自身に与えられることになり、納税者は、この種類の所得のすべてについて記帳する必要があります。つまり、事業所得と不動産所得のある人の場合には、事業所得だけを青色申告とし、不動産所得は白色申告にするというようなことはできません。（法143、144）。

（3）青色申告者の備える帳簿

　青色申告者は、損益計算書や貸借対照表を作成できる正規の簿記（一般的には複式簿記）により記帳を行うことが原則ですが、簡易帳簿で記帳してもよいことになっています（法148①、規56①）。

　この**簡易帳簿**とは、現金出納帳、売掛帳、買掛帳、経費帳、固定資産台帳の５つの帳簿からなり、簡単に損益計算ができるようになっています。

　また、小規模事業所得者（前々年分の不動産所得と事業所得の合計額が、青色専従者給与額や白色申告者の事業専従者控除前の所得で300万円以下の人）は、収入金額や必要経費を現実に入金又は出金した金額（**現金主義**）によって計算することができます。つまり、現金出納帳をつければ青色申告者

と認められるわけです。この特例が認められるためには、その年の3月15日までに「現金主義による所得計算の特例を受けることの届出書」を税務署に提出しなければなりません（法67①）。

2 青色申告の申請等の方法

　事業等を開始した場合や青色申告を行う場合などには、税務署へ所定の届出や申請を行わなければなりません。

　この届出や申請には、次のようなものがあります。

（1）開業届出

　新たに事業等を開始した人は、事業開始の日の属する年分の確定申告期限までに「個人事業の開廃業届出書」を税務署に提出しなければなりません。

（2）青色申告承認申請

　事業所得、不動産所得、山林所得のある納税者が青色申告を行うときには、「所得税の青色申告承認申請書」を税務署に提出して、青色申告の承認申請をすることが必要です。この青色申告の承認申請は、青色申告をしようとする年の3月15日までです。ただし、1月16日以後に事業等を開始したときは、その事業等開始後2か月以内に税務署長に申請すればよいことになっています（法144）。

（3）棚卸資産の評価方法の届出

　事業を開始した納税者で、その年の事業所得を計算するためには、その年末の在庫品などの棚卸価額を算定することが必要です。この棚卸価

額の計算を行うための棚卸資産の評価方法は原価法によりますが、青色申告者には低価法も認められます。したがって、最初に棚卸計算をする場合は、その評価方法のうちの1つの評価方法を選択して事業等を開始した年分の確定申告書の提出期限までに「所得税の棚卸資産の評価方法の届出書」を税務署に提出しなければなりません。

この届出がないときは、最終仕入原価法によって評価を行うことになっています。

（4）減価償却の方法の届出

納税者がその事業等に使用する減価償却資産を取得して減価償却を行うときには、減価償却の方法について、設備等の種類ごとに1つの方法を選んで事業等を開始又は新たに設備等を取得した年分の確定申告書の提出期限までに「所得税の減価償却資産の償却方法の届出書」を税務署に提出しなければなりません。

この届出のない時は、鉱業用資産については生産高比例法、その他の資産については定額法によって減価償却費を計算することになっています。

（5）減価償却の方法や棚卸資産の評価方法の変更申請

減価償却の方法や棚卸資産の評価方法を変更したい場合は、その変更しようとする年の3月15日までに「所得税の棚卸資産の評価方法/減価償却資産の償却方法の変更承認申請書」を税務署に提出し、その承認を受けなければなりません。

（6）青色事業専従者給与に関する届出

事業専従者に青色専従者給与を支給しようとする人は、青色事業専従

者の氏名、その職務の内容及び労務の対価としてふさわしい給与の金額並びにその給与の支給期などを記載した「青色事業専従者給与に関する届出書」を、その年の3月15日までに税務署に提出しなければなりません。

なお、届け出た給与の金額などを変更するときは、遅滞なく変更届出書を税務署に提出しなければなりません。

（7）その他

退職給与引当金勘定を設けて、その引当額を必要経費に算入する場合は税務署に退職給与規程を届け出る必要があります。また、増加償却等を行う場合等も届出が必要です。

7 白色申告者に対する記帳・記録保存制度等とはどのようなものか

〔ポイント〕

● 事業所得等を生ずべき業務を行う白色申告者は、帳簿を備え付けて記帳するとともに、書類等を保存しなければなりません。

● 事業所得等に係る総収入金額が3,000万円を超える場合で、確定申告をしていない人は、総収入金額報告書を提出しなければなりません。

● 白色申告者は、事業所得等の収支内訳書を確定申告書に添付しなければなりません。

　所得税は、納税者が自ら自分の所得と税額を正しく計算して申告し、納税する申告納税制度を採用していますので、青色申告者に限らず白色申告者についても、取引の過程で生じた客観的な資料を基に、自分の所得と税額を計算して申告することが必要です。

　そこで、事業所得、不動産所得又は山林所得（以下、この章では「事業所得等」といいます。）を有する人に対して、以下の制度が設けられています。

1　記帳・記録保存制度

　事業所得等を生ずべき業務を行う白色申告者は、帳簿を備え付けて、総収入金額及び必要経費に関する事項（取引の年月日、取引の相手先、取引

金額など）を一定の簡易な方法により整然とかつ明りょうに記録し、これらの記録は、７年間保存しなければなりません。

　また、その年の決算に関して作成した棚卸表等の書類や事業所得等の業務に関して作成し又は受領した請求書、納品書、送り状、領収書等の書類は、整理して５年間保存しなければなりません（法232①）。

2　総収入金額報告書提出制度

　事業所得等を生ずべき業務を行う人で、その年中のこれらの所得に係る総収入金額の合計額が、3,000万円を超える人は、その収入金額の合計額や事業所の所在地などを記載した総収入金額報告書を翌年３月15日までに税務署に提出しなければなりません。ただし、その年分の確定申告書を提出している場合には、総収入金額報告書の提出は必要ありません（法233）。

3　収支内訳書添付制度

　事業所得等を生ずべき業務を行う白色申告書を提出する人は、これらの所得に係る総収入金額及び必要経費の内容を記載した書類（収支内訳書）を確定申告書に添付しなければなりません（法120⑥）。

8 雑所得がある場合の記録保存制度等とはどのようなものか

〔ポイント〕

● 雑所得に係る収入金額が300万円を超える人は、現金預金等関係書類を保存しなければなりません。

● 雑所得に係る収入金額が1,000万円を超える人は、収支内訳書を確定申告書に添付しなければなりません。

● 雑所得に係る収入金額が300万円以下である人は、現金主義による所得計算の特例を適用することができます。

白色申告者については、113頁の第7章のとおり、記帳・記録保存制度等が設けられていますが、雑所得を生ずべき業務を行う人については、以下の制度等が設けられています。

1 現金預金取引等関係書類保存制度

その年の前々年分の雑所得を生ずべき業務に係る収入金額が300万円を超える人は、現金預金取引等関係書類を作成し、5年間保存しなければなりません（法232②）。

なお、「現金預金取引等関係書類」とは、その業務に係る取引に関して相手方から受け取った書類及び自己の作成した書類のうち、現金の収受若しくは払出し又は預貯金の預入若しくは引出しに際して作成されたものをいいます。

2 収支内訳書添付制度

　その年の前々年分の雑所得を生ずべき業務に係る収入金額が1,000万円を超える人が、確定申告書を提出する場合には、その業務に係るその年中の総収入金額及び必要経費の内容を記載した書類をその確定申告書に添付しなければなりません（法120⑥）。

3 現金主義による所得計算の特例

　その年の前々年分の雑所得を生ずべき業務に係る収入金額が300万円以下である人は、その年分の当該業務に係る雑所得の金額の計算上総収入金額及び必要経費に算入すべき金額を当該業務につきその年において現実に入金又は出金した金額（現金主義）によって計上することができます（法67②）。

9 所得控除とはどのようなものか

〔ポイント〕

● 所得金額から所得控除額を差し引いて課税所得金額を計算します。

● 所得控除には、雑損控除、医療費控除、社会保険料控除、配偶者控除、扶養控除、基礎控除など、14種類の控除があります。

● 所得金額から控除しきれない雑損控除に係る雑損失の金額は、翌年以後3年分の所得金額から控除することができます。

1 所得控除の種類

　総所得金額、公募上場等の公社債株式等に係る利子・配当所得の金額、土地等に係る事業所得等の金額、短期譲渡所得金額、長期譲渡所得金額、私募非上場等の公社債株式等に係る譲渡所得等の金額、公募上場等の公社債株式等に係る譲渡所得等の金額、先物取引に係る雑所得等の金額、山林所得金額、退職所得金額から、次の所得控除額を差し引いて課税所得金額を算出します。

　所得控除には、雑損控除、医療費控除、社会保険料控除、小規模企業共済等掛金控除、生命保険料控除、地震（損害）保険料控除、寄附金控除、障害者控除、ひとり親控除又は寡婦控除、勤労学生控除、配偶者控除、配偶者特別控除、扶養控除及び基礎控除の14種類の控除があります。

2 所得控除の計算

（1）雑損控除

　納税者が、自分や自分と生計を一にしている配偶者その他の親族で所得金額の合計額が48万円以下の人が所有している住宅、家財、現金などの生活に通常必要な資産について、災害、盗難又は横領によって損害を受け、その損失額が一定額を超える場合は、その超える金額が所得金額から控除されます（法72、令205、206）。

　雑損控除の対象となる災害とは、火災、震災、風水害、冷害、雪害、干害、落雷、噴火、鉱害、火薬類の爆発、虫害、獣害などをいいます。

　なお、損失額には、災害などにより損壊した資産の取り壊し費用や除去費用、災害のやんだ日の翌日から1年内（大規模な災害の場合その他やむを得ない事情がある場合には、3年内）に支出した原状回復のための費用や土砂などの片付けのために支出した費用など（「災害関連支出」といいます。）が含まれます。また、豪雪による住宅の損壊を防ぐための屋根の雪下ろし費用なども災害関連支出に含まれます。

　雑損控除額は、次の算式によって求めた額のうちいずれか多い方の金額です。

① 　その年の損失額 － 総所得金額等の10％

② 　その年の損失額のうち災害関連支出の金額 － 5万円

　上の算式の損失額は保険金、損害賠償金などで補てんされる金額があるときは、その補てんされる金額を控除した後の金額です。

　この場合の「**総所得金額等**」とは、総所得金額、公募上場等の公社債株式等に係る利子・配当所得の金額、土地等に係る事業所得等の金額、

短期譲渡所得の金額（特別控除前）、長期譲渡所得の金額（特別控除前）、私募非上場等の公社債株式等に係る譲渡所得等の金額、公募上場等の公社債株式等に係る譲渡所得等の金額、先物取引に係る雑所得等の金額、山林所得の金額及び退職所得の金額の合計額をいいます。

なお、「総所得金額等」と「合計所得金額」とは異なります（131頁参照）。

雑損控除を受けるには、被害を受けた住宅や家財の損害額の明細書や災害に直接関連して支出した金額の領収証などを確定申告書に添付するか又は提示することになっています。

なお、別荘、書画、骨とう品など生活に通常必要でない資産に受けた損害はその年及び翌年の譲渡所得から控除できます（法62）。

【設例8】 雑損控除額の計算

次の例により雑損控除額の計算方法を説明します。

令和6年4月に現金30万円と宝石100万円相当が盗難にあい、また、7月に火災により次の資産を焼失した。

居住用家屋	取得価額1,200万円	時価300万円
家　　　　財	取得価額200万円	時価90万円
事業用の棚卸資産	取得価額200万円	

なお、損害保険には加入していなかった。

令和6年分の所得金額の内容

事 業 所 得 　 600万円　　不動産所得　 200万円

〔解　答〕

(1) 雑損控除の対象となる損失

               現金   30万円
               家屋（原則として時価によります。）300万円
               家財（   〃   ） 90万円
                計   420万円

　(2)　雑損控除額の計算

　　　420万円 − (800万円×10%) ＝340万円

〔解　説〕

　　宝石や骨とう品（1個又は1組の価額が30万円を超えるもの）など生活
　に通常必要でない資産や事業用の棚卸資産について受けた損害は、
　雑損控除の対象になりません。

（2）医療費控除

　納税者が、自分や自分と生計を一にしている配偶者その他の親族のた
めに医療費を支払った場合は、200万円を限度として、次の算式によっ
て計算した金額が所得金額から控除されます（法73、令207）。

$$\left(\begin{matrix}その年中に支払\\った医療費の額\end{matrix} - \begin{matrix}保険金などで補\\てんされる金額\end{matrix}\right) - \left(\begin{matrix}総所得金額等の5\%\\（10万円を超える\\ときは10万円）\end{matrix}\right) = \begin{matrix}医療費控除額\\（最高200万円）\end{matrix}$$

　医療費とは、診療や治療のために支払った費用で、薬代、入院代など
次のようなものをいいます。

①　医師又は歯科医師に支払った診療代又は治療代

②　治療又は療養のため必要な医薬品の購入費

③　病院、診療所、指定介護老人福祉施設、指定地域密着型介護老人福
　　祉施設又は助産所へ入院や通院するために支出した交通費など

④　あんま、マッサージ、指圧師、はり師、きゅう師、柔道整復師によ
　　る治療を受けるために支払った施術費

⑤ 保健師、看護師、准看護師に対して支払った療養上の世話の費用及び療養上の世話を受けるために特に依頼した人に支払った療養上の世話の費用

⑥ 助産師に対して支払った分べん介助料

⑦ 医師等による診療等を受けるための通院費・医師等の送迎費、入院・入所の対価として支払う部屋代・食事代等の費用、医療用器具等の購入・賃借・使用のための費用で、通常必要なもの

⑧ 介護福祉士による喀痰吸引等又は認定特定行為業務従事者による一定の喀痰吸引等の費用

⑨ 自己の日常最低限の用を足すために使われる義手、義足、松葉杖、義歯などの購入のための費用

ただし、いわゆる人間ドックその他の健康診断のための費用や容姿の美化などのための費用、疾病の予防や健康増進のために供される薬等の購入費用は、医療費に該当しません。

医療費控除を受けるには、支払った医療費の明細書を確定申告書に添付することになっています。

【設例9】　医療費控除の計算

次の例により医療費控除の計算方法を説明します。

被治療者	治　療　期　間	支払年月	支払金額	総所得金額等
(1)　本　人	令5.10〜令6.3	令6.3	150,000円	5,000,000円
長　男	令6.7〜令6.8	令6.9	70,000円	
(2)　本　人	令6.1〜令6.4	令6.5	30,000円	1,000,000円
長　男	令6.10〜令6.11	令6.12	50,000円	
次　男	令6.11〜令6.12	令7.1	18,000円	

なお、保険金などによる補てんはないものとします。

〔解　答〕

(1)の場合

　　　　医療費支出額　150,000円＋70,000円＝220,000円

　　　　医療費控除額の計算

　　　　5,000,000円×5％＝250,000円

　　　　250,000円＞100,000円……100,000円

　　　　220,000円－100,000円＝120,000円

　　　　120,000円＜2,000,000円

　　よって医療費控除額は120,000円です。

(2)の場合

　　　　医療費支出額　30,000円＋50,000円＝80,000円

　　　次男分は令和7年1月に支払ったものなので令和6年分の医療
　　費控除の対象にはなりません。

　　　　医療費控除額の計算　80,000円－(1,000,000円×5％)＝30,000円

（3）スイッチOTC医薬品に係る医療費控除の特例

　　特定一般用医薬品等の購入の対価（1万2,000円を超えるときに限ります。）
を支払った場合において、その年中に健康の保持増進及び疾病の予防へ
の取組として一定の取組を行っているときにおけるその年分の医療費控
除については、現行の医療費控除（控除限度額200万円）との選択で、医療
費控除の特例（控除限度額8万8,000円）の適用を受けることができること
とされました（措41の17①～③）。

　　この場合の「一定の取組」とは、所定の事業者又は医療機関等が行う
一定の予防接種、健康診断、健康検査、保険指導又はがん検診をいい、
また、「特定一般用医薬品等」とは、例えばアシクロビル、アシタザノ
ラスト、L‐アスパラギン酸カルシウムなど82種類のものをいいます。

この特例の適用を受けるには、特定一般用医薬品等の購入費の明細書を確定申告書に添付するか又は提示することになっています。

（4）社会保険料控除

納税者が、自分や自分と生計を一にしている配偶者その他の親族のために負担した社会保険料は、その支払った額の全額について所得金額から控除されます（法74、令208）。

社会保険の主なものには、健康保険、国民健康保険、介護保険法の規定による介護保険、雇用保険、国民年金、農業者年金、厚生年金保険、船員保険などがあります。

国民年金の保険料及び国民年金基金の掛金について社会保険料控除を受けるには、それらの支払をした旨を証する書類を確定申告書に添付するか又は提示することになっています。ただし、年末調整の対象としたものについては、添付等の必要はありません。

なお、事業主負担の保険料は、控除の対象となりません。

（5）小規模企業共済等掛金控除

納税者が、小規模企業共済法の規定による共済契約（旧第2種共済契約を除きます。）の掛金、確定拠出年金法に規定する個人型年金加入者掛金及び心身障害者扶養共済制度の掛金を支払った場合は、その支払った金額の全額が所得金額から控除されます（法75）。

小規模企業共済等掛金控除を受けるには、その掛金の額を証する書類を確定申告書に添付するか又は提示することになっています。ただし、年末調整の対象としたものについては、添付等の必要はありません。

（6）生命保険料控除

　納税者が、自分や配偶者、その他の親族を受取人とする生命保険契約等の保険料や掛金（「**生命保険料**」といいます。）を支払った場合は、剰余金の分配又は割戻金の割戻しを受けた額を控除した後の支払金額について、契約締結時の別にそれぞれ次のイ又はロの金額が所得金額から控除されます（法76①）。

　なお、次のイ及びロの両方について控除の適用を受ける場合は、40,000円が限度となります。

イ　平成23年12月31日以前に締結した契約に係るものの場合

年間の支払保険料等の合計額	所得控除額
25,000円以下	支払保険料等の全額
25,000円超50,000円以下	支払保険料等×1/2＋12,500円
50,000円超100,000円以下	支払保険料等×1/4＋25,000円
100,000円超	一律50,000円

ロ　平成24年1月1日以後に締結した契約に係るものの場合

年間の支払保険料等の合計額	所得控除額
20,000円以下	支払保険料等の全額
20,000円超40,000円以下	支払保険料等×1/2＋10,000円
40,000円超80,000円以下	支払保険料等×1/4＋20,000円
80,000円超	一律40,000円

　生命保険契約等には、生命保険契約、簡易生命保険契約、郵便年金契約、生命共済契約、適格退職年金契約などがあります。ただし、保険期間が5年未満の生命保険のうち特定のものについては、生命保険料控除の対象になりません。

　また、納税者が、個人年金保険契約等に係る保険料や掛金（「**個人年金保険料**」といいます。）を支払った場合は、剰余金の分配又は割戻金の割戻

しを受けた額を控除した後の支払金額について、前記の生命保険料とは別枠で、契約締結時の別にそれぞれ次のイ又はロの金額が総所得金額等から控除されます（法76）。

なお、次のイ及びロの両方について控除の適用を受ける場合は、40,000円が限度となります。

イ　平成23年12月31日以前に締結した契約に係るものの場合

年間の支払保険料等の合計額	所得控除額
25,000円以下	支払保険料等の全額
25,000円超50,000円以下	支払保険料等×1/2＋12,500円
50,000円超100,000円以下	支払保険料等×1/4＋25,000円
100,000円超	一律50,000円

ロ　平成24年1月1日以後に締結した契約に係るものの場合

年間の支払保険料等の合計額	所得控除額
20,000円以下	支払保険料等の全額
20,000円超40,000円以下	支払保険料等×1/2＋10,000円
40,000円超80,000円以下	支払保険料等×1/4＋20,000円
80,000円超	一律40,000円

個人年金保険契約等には、年金保険契約、郵便年金契約、年金共済契約などがあります。

また、納税者が、介護医療保険契約等に係る保険料や掛金のうち、医療費等支払事由に基因して保険金、共済金その他の給付金を支払うことを約する部分に係るもの（「**介護医療保険料**」といいます。）を支払った場合は、剰余金の分配又は割戻金の割戻しを受けた額を控除した後の支払金額について、前記の生命保険料及び個人年金保険料とは別枠で、次の金額が総所得金額等から控除されます（法76②）。

年間の支払保険料等の合計額	所得控除額
20,000円以下	支払保険料等の全額
20,000円超40,000円以下	支払保険料等×1/2＋10,000円
40,000円超80,000円以下	支払保険料等×1/4＋20,000円
80,000円超	一律40,000円

　なお、前記の生命保険料、個人年金保険料及び介護医療保険料について控除の適用を受ける場合は、12万円が限度となります（法76④）。

　生命保険料控除を受ける場合、支払った保険料や掛金が一契約につき年間9,000円を超えるときは、その支払保険料や掛金の証明書を確定申告書に添付するか又は提示することになっています。ただし、年末調整の対象としたものについては、添付等の必要はありません。

（7）地震（損害）保険料控除

　納税者が、所有する居住用家屋・生活用動産を保険等の目的とし、かつ、地震等を直接又は間接の原因とする火災等による損害により生じた損失の額をてん補する保険金又は共済金が支払われる損害保険契約等に係る地震等損害部分の保険料又は掛金（「**地震保険料**」といいます。）を支払った場合は、最高5万円が所得金額から控除されます（法77）。

　また、納税者が、平成19年以後の各年において、平成18年12月31日までに締結した一定の長期損害保険契約等に係る保険料又は掛金（「**旧長期損害保険料**」といいます。）を支払ったときは、従前の長期損害保険料控除と同様の計算による金額（最高1万5千円）がその年分の総所得金額等から控除されます（上記地震保険料の控除と合わせて5万円が限度）。

　この場合において、旧長期損害保険料に係る契約等が地震保険料に係る契約等にも該当するときは、いずれか一の契約等のみに該当するもの

とされます（平成18年改正所法等附則10）。

① 地震保険料のみの場合は、

・支払った地震保険料が、50,000円以下のとき……その全額

・支払った地震保険料が、50,000円を超えるとき……一律50,000円

② 旧長期損害保険料のみの場合は、

・支払った旧長期損害保険料が、10,000円以下のとき……その全額

・支払った旧長期損害保険料が、10,000円を超え20,000円以下のとき

……支払った旧長期損害保険料 $\times \frac{1}{2} + 5,000$ 円

・支払った長期損害保険料が、20,000円を超えるとき

……一律15,000円

③ 地震保険料と旧長期損害保険料がある場合は、

・①により求めた金額と②により求めた金額との合計額が50,000円までのとき……その合計額

・①により求めた金額と②により求めた金額との合計額が50,000円を超えるとき……一律50,000円

地震（損害）保険料控除を受けるには、保険料の支払証明書を確定申告書に添付するか又は提示することになっています。ただし、年末調整の対象としたものについては、添付等の必要はありません。

（8）寄附金控除

納税者が、国又は地方公共団体に対する寄附金や、公益社団法人、公益財団法人又は日本赤十字社等に対して支出した寄附金で教育や科学の振興、文化の向上、社会福祉への貢献等に充てられるものなど、いわゆる**特定寄附金**を支出した場合は、次の算式により計算した金額が所得金額から控除されます（法78）。

特定寄附金の支出額又は総所得金
額等の40％のいずれか少ない金額 － 2 千円＝寄附金控除額

　この控除を受ける場合には、特定寄附金の受領者からの受領証等を確定申告書に添付するか又は提示することになっています。

イ　寄附金控除の特則

　寄附金控除の特則として次のものがあります。

①　政治団体に対する政治活動に関する寄附金で一定の報告がされたものについては、その寄附金について税額控除の特例（156頁の(3)参照）の適用を受ける場合を除き、寄附金控除を適用することができます（措41の18①）。

②　認定特定非営利活動法人等（ＮＰＯ法人）のうち一定の要件を満たすものとして、国税庁長官の認定を受けた認定ＮＰＯ法人に対して、その認定ＮＰＯ法人の行う特定非営利活動に係る事業に関連する寄附を認定の有効期間内にした場合には、その寄附について税額控除の特例（措41の18の2②）の適用を受ける場合を除き、寄附金控除を適用することができます（措41の18の2①）。

③　中小企業の新たな事業活動の促進に関する法律に規定する特定新規中小企業者に該当する一定の株式会社や地域再生法に規定する事業を行う一定の株式会社などにより発行される株式を、その発行の際に、払込みにより取得をした場合には、特定中小会社が発行した株式の取得に要した金額を譲渡所得等の計算上控除する特例（措37の13）の適用を受ける場合を除き、その株式の取得に要した金額（1,000万円が限度とされます。）については、寄附金控除を適用することができます（措41の19、震災税特法13の3）。

ロ　ふるさと納税ワンストップ特例

　いわゆる「ふるさと納税」に係る寄附は地方公共団体に対する寄附ですから、その寄附金についても、寄附金控除の対象となりますが、その寄附をした人が給与所得について年末調整を受けたことにより確定申告の必要がない納税者であっても、寄附金控除を受けるには、確定申告をする必要があります。

　ただし、確定申告の必要がない給与所得者等が寄附を行う場合には、「ふるさと納税ワンストップ特例制度」が設けられており、その概要は、次のとおりです。

① 　確定申告を行わない給与所得者等が寄附を行う際に、寄附先の都道府県又は市区町村に対して、その寄附をする納税者に代わって、個人住民税課税市区町村に対して控除の申請をするよう、要請することができます。

② 　①の要請があった場合には、ふるさと納税の寄附金に係る所得税及び個人住民税の寄附金控除額の合計額の５分の２を道府県民税から、５分の３を市町村民税からそれぞれ控除されます。要するに、寄附をする納税者が個人住民税課税市区町村に対して控除の申請をすることにより、自動的に道府県民税及び市町村民税からの控除が行われるわけで、納税者側の事務手続が簡略化されることになります。

③ 　この特例は、寄附者が所得税の確定申告を行った場合又は５団体を超える都道府県若しくは市区町村に対して寄附を行った場合には適用されません。

> 注　個人住民税の寄附金控除額は、10％の基本部分と残額の特例部分とがありますが、特例部分の控除限度額は、個人住民税所得割額の２割とされています。

【設例10】 寄附金控除の計算

次の例により寄附金控除額の計算方法を説明します。

特定寄附金の支出額　　50万円

総所得金額等　　　　　500万円

〔解　答〕

500万円×40％＝200万円

200万円＞50万円……………………50万円

寄附金控除額　500,000円－2,000円＝<u>498,000円</u>

（9）障害者控除

納税者、納税者と生計を一にする配偶者で合計所得金額が48万円以下である人（「**同一生計配偶者**」といいます。）又は扶養親族のうちに障害者があるときは、障害者１人について27万円（特別障害者については40万円。同居の特別障害者については75万円）が所得金額から控除されます（法79）。

「**障害者**」とは、次の人をいいます（法２①二十八）。

① 精神上の障害により事理を弁識する能力を欠く常況にある人

② 児童相談所、知的障害者更生相談所、精神保健センター、精神保健指定医の判定により知的障害者と判定された人

③ 精神障害者保健福祉手帳の交付を受けている人

④ 身体障害者手帳に身体上の障害がある旨の記載がされている人（肝機能障害を有する人で身体障害者手帳の交付対象者とされる人を含みます。）

⑤ 戦傷病者手帳の交付を受けている人

⑥ 原子爆弾被爆者のうち、その負傷や疾病が原子爆弾の傷害作用に基因する旨の厚生労働大臣の認定を受けている人

⑦ 常に就床を要し、複雑な介護を要する人

⑧　年齢65歳以上の人でその障害の程度が上記①、②又は④に掲げる人に準ずるものとして市町村長等の認定を受けている人

　また、「**特別障害者**」とは、障害者のうち次の人をいいます（法2①二十九）。

①　上の①に当たる人

②　上の②に当たる人で重度の知的障害者と判定された人

③　精神障害者保健福祉手帳に記載されている障害等級が1級である人

④　身体障害者手帳に記載されている身体上の障害の程度が1級又は2級である人

⑤　戦傷病者手帳に記載されている障害の程度が恩給法に定める特別項症から第3項症までの人

⑥　上の⑥、⑦に当たる人

⑦　上の⑧に当たる人で特別障害者に準ずるものとして市町村長等からの認定を受けている人

　「**同居特別障害者**」とは、特別障害者である同一生計配偶者又は扶養親族で、納税者又はその納税者と生計を一にする親族のいずれかと同居を常況としている人をいいます。

　「**合計所得金額**」とは、総所得金額、公募上場等の公社債株式等に係る利子・配当所得の金額、土地等に係る事業所得等の金額、短期譲渡所得の金額（特別控除前）、長期譲渡所得の金額（特別控除前）、私募非上場等の公社債株式等の譲渡所得等の金額、公募上場等の公社債株式等に係る譲渡所得等の金額、先物取引に係る雑所得等の金額、山林所得の金額、退職所得の金額の合計額をいいます。

　ただし、純損失や雑損失の繰越控除、居住用財産の買換え等の場合の譲渡損失の繰越控除、特定居住用財産の譲渡損失の繰越控除、公募上場等の公社債株式等に係る譲渡損失の繰越控除、特定中小会社が発行した

株式に係る譲渡損失の繰越控除及び先物取引の差金等決済に係る損失の繰越控除の適用を受けている場合には、その適用前の額によります（法2①三十）。

(10) ひとり親控除又は寡婦控除

　納税者が、一定の要件に当てはまるひとり親又は寡婦であるときは、35万円又は27万円が所得金額から控除されます（法80、81）。ひとり親又は寡婦の要件及び控除額は、次のとおりです。

	ひとり親（男性又は女性）	寡婦（女性）	
要件及び控除額	現に婚姻をしていない人又は夫若しくは妻が生死不明の人（死別、離婚、未婚を問わない。）	夫と離婚した後婚姻をしていない人	夫と死別した後婚姻をしていない人又は夫が生死不明の人
	住民票に未届の妻又は未届の夫その他これらと同一の内容である旨の記載がされていないこと（事実婚は対象外）。	左に同じ。	左に同じ。
	総所得金額等の合計額が48万円以下の生計を一にする子があること。	扶養親族（134頁参照）があること。	―
	合計所得金額が500万円以下であること。	左に同じ。	左に同じ。
	控除額35万円	控除額27万円	

(11) 勤労学生控除

　納税者が勤労学生であって、合計所得金額が75万円以下で、しかも、利子所得、配当所得などの自己の勤労によらない所得が10万円以下の人は、勤労学生控除として27万円が所得金額から控除されます。

　なお、この勤労学生の範囲は、大学、高等専門学校、高等学校、中等教育学校、中学校、小学校、盲学校、聾学校、養護学校などの学生、生徒、児童（夜間学生や正規の通信教育生を含みます。）や一定の課程を履修す

る各種学校の生徒、職業訓練法人の認定職業訓練を受ける人などです（法2①三十二、82）。

(12) 配偶者控除

合計所得金額が1,000万円以下である納税者が、生計を一にする妻又は夫で、合計所得金額が48万円以下の人（同一生計配偶者）を有する場合には、配偶者控除として次の表に掲げる金額が所得金額から控除されます（法2①三十三、三十三の二、83、85）。

納税者の合計所得金額	配偶者控除額	
	年齢70歳以上の配偶者	左記以外の配偶者
900万円以下	48万円	38万円
900万円超950万円以下	32万円	26万円
950万円超1,000万円以下	16万円	13万円

※ 年齢が70歳以上の配偶者とは、令和6年分については、昭和30年1月1日以前に生まれた人をいいます。

ただし、配偶者が青色申告者の専従者として青色専従者給与の支給を受ける場合又は白色申告者の専従者として事業専従者控除を受ける場合には、配偶者控除は受けられません（法2①三十三、57①③）。

なお、配偶者が年の中途で死亡し、その年中に納税者が再婚した場合には、納税者の選択したいずれか一方の配偶者だけが控除対象の配偶者となります（法85④）。

(13) 配偶者特別控除

合計所得金額が1,000万円以下である納税者が、生計を一にする配偶者（青色事業専従者として給与の支給を受ける人及び白色事業専従者として事業専従者控除を受けている人を除きます。）で、合計所得金額が48万円超133万円

以下の人を有する場合には、その納税者及びその配偶者の合計所得金額に応じて、次の表に掲げる金額が所得金額から控除されます（法83の２）。

配偶者の合計所得金額		48万円超95万円以下	95万円超100万円以下	100万円超105万円以下	105万円超110万円以下	110万円超115万円以下	115万円超120万円以下	120万円超125万円以下	125万円超130万円以下	130万円超133万円以下
納税者の合計所得金額	900万円以下	38万円	36万円	31万円	26万円	21万円	16万円	11万円	6万円	3万円
	900万円超950万円以下	26万円	24万円	21万円	18万円	14万円	11万円	8万円	4万円	2万円
	950万円超1,000万円以下	13万円	12万円	11万円	9万円	7万円	6万円	4万円	2万円	1万円

(14) 扶養控除

「扶養親族」とは、納税者と生計を一にする配偶者以外の６親等内の血族、３親等内の姻族、児童福祉法により知事等から委託を受けた里子及び老人福祉法の規定により養護を委託された老人で、合計所得金額が48万円以下の人です。

ただし、扶養親族が青色申告者の専従者として青色専従者給与の支給を受けている場合又は白色申告者の専従者として事業専従者控除を受けている場合には、扶養控除は受けられません（法２①三十四、57①③）。

なお、同一世帯内に２人以上の納税者がいるときは扶養親族を分けて控除することもできます。

納税者が、扶養親族を有する場合には、扶養控除として次の表に掲げる金額が所得金額から控除されます（法84、措41の16）。

区　　分		控　除　額
年齢16歳以上18歳以下		38万円
年齢19歳以上22歳以下		63万円
年齢23歳以上69歳以下		38万円
年齢70歳以上	同居老親等	58万円
	上記以外	48万円

　「年齢15歳以下」の扶養親族が、扶養控除の対象から除外されているのは、「子ども手当」の支給に伴うものです。

　また、「年齢16歳以上18歳以下」の扶養親族の控除額が、「年齢19歳以上22歳以下」の扶養親族の控除額より少額となっているのは、「公立高校の授業料の実質無償化等」に伴うものです。

　親族の範囲を図示すると次頁のとおりです。

[注] 1　年齢16歳以上の扶養親族は扶養控除の対象となりますが、非居住者である扶養親族のうち、年齢30歳以上70歳未満の人で、次に掲げるいずれかに該当しない人は扶養控除の対象としないこととされています（法2①三十四の二）。

　　① 留学により国内に住所及び居所を有しなくなった人

　　② 障害者

　　③ その納税者からその年において生活費又は教育費に充てるための支払を38万円以上受けている人

　　2　居住者である納税者が、所得税の確定申告において、非居住者である一定の親族に係る扶養控除、配偶者控除、配偶者特別控除又は障害者控除の適用を受ける場合には、「親族関係書類」及び「送金関係書類」を確定申告書に添付するか又は提示することになっています（所法120③二）。

〔親族の範囲〕

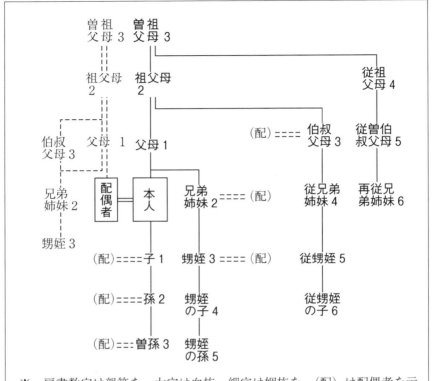

※ 肩書数字は親等を、太字は血族、細字は姻族を、(配)は配偶者を示します。

(15) 基礎控除

基礎控除額は、合計所得金額に応じ、次に掲げる金額です（法86）。

合計所得金額	基礎控除額
2,400万円以下	48万円
2,400万円超　2,450万円以下	32万円
2,450万円超　2,500万円以下	16万円
2,500万円超	0円

3 　所得控除の順序

　所得控除は、まず雑損控除から行います。雑損控除以外の所得控除については、控除の順序は定められておりませんが、これらの控除は納税者に総所得金額、公募上場等の公社債株式等に係る利子・配当所得の金額、土地等に係る事業所得等の金額、短期譲渡所得の金額、長期譲渡所得の金額、私募非上場等の公社債株式等に係る譲渡所得等の金額、公募上場等の公社債株式等に係る譲渡所得等の金額、先物取引に係る雑所得等の金額、山林所得の金額及び退職所得の金額のうち２種類以上の所得の金額があるときには、まず総所得金額から差し引き、次に順次それぞれの所得の金額から差し引きます。

4 　雑損失の繰越控除

　所得控除は、まず雑損控除から行いますが、その雑損控除額が所得金額の合計額より多いときには、その控除できない額は雑損失の金額として、翌年以後３年間繰越して所得金額から控除できます（法71。49頁の図表参照）。

　なお、特定非常災害として指定された災害に係る雑損失の金額については、翌年以後５年間に繰り越して控除することができます（法71の２）。

10 税金の計算はどのように行うか

┌─〔ポイント〕──────────────────────────┐

● 課税所得金額に税率を乗じて税額を計算します。

● 課税所得金額には、課税総所得金額、公募上場等の公社債
株式等に係る課税利子・配当所得の金額、土地等に係る課税
事業所得等の金額、課税短期・長期譲渡所得金額、私募非上
場等の公社債株式等に係る課税譲渡所得等の金額、公募上場
等の公社債株式等に係る課税譲渡所得等の金額、先物取引に
係る課税雑所得等の金額、課税山林所得金額及び課税退職所
得金額があります。

● 変動所得及び臨時所得がある場合は、一定の方式に従って
「変動所得及び臨時所得の平均課税」を受けることができま
す。

└────────────────────────────────┘

1 所得税額の算出

総所得金額、公募上場等の公社債株式等に係る利子・配当所得の金額、
土地等に係る事業所得等の金額、短期譲渡所得の金額、長期譲渡所得の
金額、私募非上場等の公社債株式等に係る譲渡所得等の金額、公募上場
等の公社債株式等に係る譲渡所得等の金額、先物取引に係る雑所得等の
金額、山林所得金額及び退職所得金額から雑損控除などの所得控除額を
差し引いて課税所得金額が算出されます。

課税所得金額には、課税総所得金額、公募上場等の公社債株式等に係

る課税利子・配当所得の金額、土地等に係る課税事業所得等の金額、課税短期譲渡所得金額、課税長期譲渡所得金額、私募非上場等の公社債株式等に係る課税譲渡所得等の金額、公募上場等の公社債株式等に係る課税譲渡所得等の金額、先物取引に係る課税雑所得等の金額、課税山林所得金額及び課税退職所得金額があります。

　これらの課税所得にそれぞれに適用される税率を乗じて税額が算出されます。各所得金額に対する所得税額の計算方法を算式で示すと以下のとおりとなります。

　なお、平成25年から令和19年までの期間に課税される**復興特別所得税**については、15頁及び159頁を参照してください。

（1）課税総所得金額に対する税額 （法89①）

　　　　課税総所得金額×超過累進税率＝算出税額

　算式中の税率は、課税所得金額の大きさにより、次表のとおり５％から45％までとなっています。これを**超過累進税率**といいます。

〔税率表〕

課税所得金額	税　率	
195万円以下の金額	5	％
195万円を超え　330万円以下の金額	10	％
330万円を超え　695万円以下の金額	20	％
695万円を超え　900万円以下の金額	23	％
900万円を超え1,800万円以下の金額	33	％
1,800万円を超え4,000万円以下の金額	40	％
4,000万円を超える金額	45	％

　なお、実際に課税総所得金額の税額計算をするときは、次の速算表によって簡単に税額を求めることができます。

〔所得税の速算表〕

課税される所得金額	税率	控除額
1,000円から 1,949,000円まで	5%	0円
1,950,000円から 3,299,000円まで	10%	97,500円
3,300,000円から 6,949,000円まで	20%	427,500円
6,950,000円から 8,999,000円まで	23%	636,000円
9,000,000円から17,999,000円まで	33%	1,536,000円
18,000,000円から39,999,000円まで	40%	2,796,000円
40,000,000円以上	45%	4,796,000円

〔**計算例**〕 課税所得金額が450万円の場合

4,500,000円×20%－427,500円＝472,500円（税額）

（2）公募上場等の公社債株式等に係る課税利子・配当所得の金額に対する税額（措8の4）

公募上場等の公社債株式等に係る課税利子・配当所得の金額 ×税率(15%)＝算出税額

（3）土地等に係る課税事業所得等の金額に対する税額（措28の4）

平成10年1月1日から令和8年3月31日までの間にした土地の譲渡等については、土地等に係る課税事業所得等の申告分離課税の規定は適用されません。

（4）課税短期譲渡所得金額に対する税額（措32①）

① 一般の短期譲渡所得の場合（措32①）

課税短期譲渡所得金額×税率(30%)＝算出税額

② 国等に譲渡した場合（措32③）

課税短期譲渡所得金額×税率(15%)＝算出税額

（5）課税長期譲渡所得金額に対する税額

① 一般の長期譲渡所得の場合（措31①）

　　　課税長期譲渡所得金額×税率（15%）＝算出税額

② 優良住宅地の造成等のために土地等を譲渡した場合（措31の2①）

　　課税長期譲渡金額が2,000万円以下の場合は次のaの算式、2,000万

　円を超える場合にはbの算式により求めた金額です。

　　　a　課税長期譲渡所得金額×税率（10%）＝算出税額

　　　b　（課税長期譲渡所得金額－2,000万円）×税率（15%）＋200万円＝算

　　　　出税額

③ 居住用財産を譲渡した場合（措31の3①）

　　課税長期譲渡所得金額が6,000万円以下の場合は次のaの算式、

　6,000万円を超える場合にはbの算式により求めた金額です。

　　　a　課税長期譲渡所得金額×税率（10%）＝算出税額

　　　b　（課税長期譲渡所得金額－6,000万円）×税率（15%）＋600万円＝算

　　　　出税額

（6）公社債株式等に係る課税譲渡所得等の金額に対する税額 （措37の10①）

　　公社債株式等に係る課税譲渡所得等の金額×税率（15%）＝算出税額

（7）先物取引に係る課税雑所得等の金額に対する税額 （措41の14①）

　　先物取引に係る課税雑所得等の金額×税率（15%）＝算出税額

（8）課税山林所得金額に対する税額 （法89①）

　　下記の税額表により計算します。なお、課税山林所得金額に対する税

額は、いわゆる**5分5乗方式**による超過累進税率により算出されますが、

次の税額表はこの5分5乗方式が織り込まれています。

〔課税山林所得に対する所得税の税額表〕

課税山林所得金額	税　率	控　除　額
1,000円から　9,749,000円まで	5%	0円
9,750,000円から 16,499,000円まで	10%	487,500円
16,500,000円から 34,749,000円まで	20%	2,137,500円
34,750,000円から 44,999,000円まで	23%	3,180,000円
45,000,000円から 89,999,000円まで	33%	7,680,000円
90,000,000円から199,999,000円まで	40%	13,980,000円
200,000,000円以上	45%	23,980,000円

（9）課税退職所得金額に対する税額 （法89①）

課税退職所得金額×超過累進税率＝算出税額

算式中の超過累進税率は、139頁の(1)の場合と同じです。

2　変動所得又は臨時所得がある場合

（1）変動所得及び臨時所得とは

変動所得とは、漁獲、のりの採取若しくははまち、かき、うなぎ、ほたて貝、真珠、まだい、ひらめの養殖から生ずる所得、原稿若しくは作曲の報酬による所得、著作権の使用料による所得などで年によって変動が多い所得のことをいいます。これらは、通常、事業所得又は雑所得になるものです（法2①二十三、令7の2）。

臨時所得とは、次に掲げる所得やこれに類する所得をいいます（法2①二十四、令8）。

① 職業野球の選手などが、3年以上の期間特定の者に専属して役務の提供を約することにより一時に支払を受ける契約金で、その金額が契約により支払を受ける報酬の年額の2倍に当たる金額以上であるもの

に係る所得

② 　土地、家屋などの不動産、借地権、耕作権などの不動産上の権利、船舶、航空機、採石権、鉱業権、漁業権及び工業所有権などを、３年以上の期間他人に使用させることにより一時に支払を受ける権利金、頭金などで、その金額がその契約により支払を受ける使用料の年額の２倍に当たる金額以上であるものに係る所得（ただし、譲渡所得として課税されるものは除かれます。）。

③ 　開発工事の施行などに伴い、従来営んでいた事業を休止、転換又は廃止することにより、３年以上の期間分の事業所得などの補償金として支払を受けるものに係る所得

④ 　上記③のほか、業務用の資産について鉱害などの災害で被害を受けたことにより、３年以上の期間分の事業所得などの補償金として支払を受けるものに係る所得

　これらの所得は、これを収入した年に一時に課税すると超過累進税率の関係から負担が過重になるので、そうならないように一定の条件にあてはまる場合には特別な計算方法により税額の計算をすることができます。

　これらの所得は、通常、事業所得又は雑所得若しくは不動産所得になるものです。

（２）税額の計算

　その年中に変動所得（前年又は前前年にも変動所得があった場合には、その年分の変動所得の金額が前年分及び前前年の変動所得の金額の合計額の２分の１より多い場合に限ります。）や臨時所得のある納税者は、その合計額が総所得金額の20％以上の場合には「**変動所得及び臨時所得の平均課税**」を受けることができます。この結果、税金の負担は軽くなります。なお、変動

所得又は臨時所得のいずれかの所得があって、それが総所得金額の20%以上である場合にも平均課税を選択することができます（法90）。

　平均課税による場合の税額は、次の順序で計算します。

① 平均課税対象金額の計算

変動所得の金額（前年又は前前年に変動所得の金額がある場合には、前年及び前前年の変動所得の金額の合計額の2分の1を超える部分の金額）＋**臨時所得の金額**＝**平均課税対象金額**

② 調整所得金額及び特別所得金額の計算

次の「区分」に応じて、それぞれの金額を計算します。

区分	調整所得金額	特別所得金額
課税総所得金額が平均課税対象金額を超える場合	$\left(\begin{array}{c}課税総所\\得金額\end{array}\right)-\left(\begin{array}{c}平均課税\\対象金額\end{array}\right)\times\dfrac{4}{5}$	$\left(\begin{array}{c}課税総所\\得金額\end{array}\right)-\left(\begin{array}{c}調整所\\得金額\end{array}\right)$
課税総所得金額が平均課税対象金額以下の場合	$\left(\begin{array}{c}課税総所\\得金額\end{array}\right)\times\dfrac{1}{5}$	$\left(\begin{array}{c}課税総所\\得金額\end{array}\right)-\left(\begin{array}{c}調整所\\得金額\end{array}\right)$

③ 調整所得金額に対する税額及び調整所得金額に対する税額の割合の計算

　調整所得金額×超過累進税率＝税額‥‥‥‥‥‥‥‥‥‥‥‥‥‥‥‥‥‥(a)

　(a)÷調整所得金額＝割合（小数点以下2位まで求め、3位以下は切り捨てます。）‥‥(b)

④ 特別所得金額に対する税額の計算

　特別所得金額×(b)＝税額‥‥‥‥‥‥‥‥‥‥‥‥‥‥‥‥‥‥‥‥‥‥‥‥(c)

⑤ 課税総所得金額に対する税額の計算

　(a)＋(c)＝課税総所得金額に対する税額

11 税額控除とはどのようなものか

┌─〔ポイント〕─────────────────────────

● 　課税所得金額に税率を乗じて算出した税額から配当控除、
外国税額控除、特定増改築等・住宅借入金等特別控除などの
税額控除を差し引いたものが所得税額です。

● 　源泉徴収された税額があるときは、その金額を所得税額か
ら差し引いて申告納税額を計算します。

● 　令和6年の税制改正により、令和6年分の1年限りの特別
減税（定額減税）の特例が創設されました。

1 税額控除の種類

　課税所得金額に税率を乗じて算出した税額から、配当控除、居住用住
宅の取得等又は増改築等をした場合の特別控除、政党等寄附金特別控除、
外国税額控除などの控除が受けられます。

　これらの控除を税額控除といいます。

2 税額控除の計算

（1）配当控除

　国内に本店又は主たる事務所を有する法人から支払を受ける剰余金の
配当、株式投資信託の収益の分配などに係る配当所得のある納税者は、
配当所得の金額（配当の収入金額から負債利子控除後で、損益通算前の金額）を

基に、次により計算した金額をその年分の所得税額から控除されます（法92、措9③④）。

イ　課税所得金額が1千万円以下の場合……次の①と②の合計額

①　**剰余金の配当、利益の配当、剰余金の分配及び特定株式投資信託**（外国株価指数連動型の特定株式投資信託を除きます。以下同じです。）**の収益の分配**（剰余金の配当等といいます。）**に係る配当所得の金額×10%**

②　**証券投資信託**（特定株式投資信託を除きます。公社債投資信託は含めません。以下同じです。）**の収益の分配に係る配当所得の金額×5%**

ロ　課税所得金額が1千万円を超え、かつ、課税所得金額から証券投資信託の収益の分配に係る配当所得の金額を控除した金額が1千万円以下の場合……次の①と②の合計額

①　剰余金の配当等に係る配当所得の金額×10%

②　証券投資信託の収益の分配に係る配当所得の金額のうち、課税所得金額から1千万円を控除した金額に相当する部分の金額(A)　×2.5%＋証券投資信託の収益の分配に係る配当所得の金額のうち(A)以外の部分の金額×5%

ハ　課税所得金額が1千万円を超え、かつ、課税所得金額から証券投資信託の収益の分配に係る配当所得の金額を控除した金額が1千万円を超える場合……次の①と②の合計額

①　剰余金の配当等に係る配当所得の金額のうち、課税所得金額から、1千万円と次の②の配当所得の金額との合計額を控除した金額に相当する部分の金額(A)　×5%＋剰余金の配当等に係る配当所得の金額のうち、(A)以外の部分の金額×10%

②　証券投資信託の収益の分配に係る配当所得の金額×2.5%

なお、証券投資信託の収益の分配に係る配当所得のうち一般外貨建等

証券投資信託の収益の分配に係る配当所得に対する配当控除率は、一部2.5％又は1.25％となります（特定外貨建証券投資信託に係るものは、配当控除の対象にはなりません。）。

ただし、次に掲げるものに係る配当所得などについては、配当控除は適用されません（法92①、措8の4③、9①）。

㋑　申告分離課税を選択した公募上場等の株式等の配当等

㋺　確定申告をしないことを選択した配当等

㋩　投資法人の投資口の配当等

㋥　特定目的会社（SPC）から支払を受ける配当等

㋭　私募公社債等運用投資信託の受益権及び社債的受益権の収益の分配に係る配当等

㋬　特定目的信託に係る配当等

㋣　特定受益証券発行信託の収益の分配に係る配当等

㋠　機関投資家私募の法人課税信託から支払を受ける配当等

㋷　基金利息

㋦　外国法人（外国の投資信託を含みます。）から受ける配当等

㋸　特定外貨建証券投資信託の収益の分配に係る配当等

㋔　外国株価指数連動型の特定株式投資信託の収益の分配に係る配当等

（2）　居住用住宅の取得又は増改築等をした場合の特別控除

いわゆる住宅ローン控除等には、大別すると二種類があります。一つは、住宅の取得又は増改築等をするための借入金等を有する場合の控除であり、他の一つは、改修工事等に係る費用を支出した場合（その改修工事等に係る借入金等の有無を問いません。）の控除です。以下の**イ**は前者であり、**ロ**、**ハ**及び**ニ**は後者です。**イ**、**ロ**、**ハ**及び**ニ**は、重複適用するこ

とはできません。

 イ 住宅借入金等特別控除（措41①⑩）

 ロ 認定住宅等の取得等の際に講じた標準的な費用がある場合の特別

  控除（措41の19の4①）

 ハ 中古住宅の耐震改修をした場合の特別控除（措41の19の2①）

 ニ 中古住宅の特定改修をした場合の特別控除（措41の19の3①～⑥）

> 注 この特別控除について本書では、住宅の取得又は増改築等をして令和6年中に居住の用に供した場合について解説しています。このため、その前後の年中に居住の用に供した場合については、適用要件や控除額が異なる場合があることに留意してください。

イ　住宅借入金等特別控除

 この特別控除は、認定住宅等に該当する場合と認定住宅等に該当しない場合とによって、控除の対象となる住宅等の取得等の内容や住宅借入金等の控除限度額などが異なります。

 なお、この特例は、その年分の合計所得金額が2,000万円を超える年分には適用されません（措41①）。

 また、①居住の用に供した年、その前年又は前々年において、居住用財産を譲渡した場合の長期譲渡所得の課税の特例など（措31の3、35、36の2、36の5、37の5）の適用を受けている場合、②居住の用に供した年分の翌年以後3年以内の各年において、その住宅及びその敷地以外の資産を譲渡してこれらの譲渡所得の特例の適用を受けている場合にも、この特別控除は適用されません。

A　認定住宅等の場合

 認定住宅等の取得をして、令和6年中にその居住の用に供した場合（その取得の日から6か月以内に居住の用に供した場合に限ります。）において、

その取得に係る借入金等（10年以上の割賦払いの借入金又は債務。次の**B**において同じです。）の金額を有するときは、その年末残高に基づいて、次の算式により計算した金額がその年以後13年間（又は10年間）の各年分の所得税の額から控除されます（措41⑩）。

認定住宅等借入金等
の年末残高の合計額 × 0.7% ＝ 控除額（100円未満の端数捨て）
（控除限度額※）

(イ)　次のⅰとⅱを合せて「**認定住宅**」といい、次のⅰからⅳを合せて「**認定住宅等**」といいます。

ⅰ　認定長期優良住宅

ⅱ　低炭素建築物等に該当する家屋

ⅲ　特定エネルギー消費性能向上住宅（ZEH 水準省エネ住宅）

ⅳ　エネルギー消費性能向上住宅

(ロ)　「認定住宅等借入金等の年末残高の合計額」が控除限度額を超える場合には、その限度額が上限となります。上記算式中の「※」の控除限度額は、住宅の種類により次のとおりです（措41⑪⑬）。

ⅰ　認定長期優良住宅又は低炭素建築物等に該当する家屋で、かつ、その取得等が認定住宅等の新築等又は中古の認定住宅等で買取再販認定住宅等の取得に該当するもの…**4,500万円**

> 注 1　「新築等」とは、新築又は建築後使用されたことのないものの取得をいいます。
> 　　2　「買取再販認定住宅等」とは、中古住宅のうち宅地建物取引業者が特定増改築等（費用総額が譲渡対価の20%相当額以上）をした家屋をいいます。

なお、特例対象個人の場合には、上記**4,500万円**は、**5,000万円**となります。この「**特例対象個人**」とは、年齢40歳未満であって配偶者を有する人、年齢40歳以上であって年齢40歳未満の配偶者を有す

る人又は年齢19歳未満の扶養親族を有する人（いわゆる子育て支援対象者）をいいます（措41⑬⑭）。

ⅱ　特定エネルギー消費性能向上住宅で、かつ、その取得が認定住宅等の新築等又は認定住宅等で買取再販認定住宅等の取得に該当するもの…**3,500万円**

　　なお、特例対象個人の場合には、上記**3,500万円**は、**4,500万円**となります。

ⅲ　エネルギー消費性能向上住宅で、かつ、その取得が認定住宅等の新築等又は認定住宅等で買取再販認定住宅等の取得に該当するもの…**3,000万円**

　　なお、特例対象個人の場合には、上記**3,000万円**は、**4,000万円**となります。

ⅳ　エネルギー消費性能向上住宅又は認定長期優良住宅、低炭素建築物等に該当する家屋若しくは特定エネルギー消費性能向上住宅で、かつ、その取得が認定住宅等の新築等又は認定住宅等で買取再販認定住宅等の取得に該当しないもの…**3,000万円**

　なお、控除年数は、その住宅の取得が認定住宅等の新築等又は買取再販認定住宅等の取得に該当するものである場合（ⅰ、ⅱ及びⅲの場合）にはその年以後**13年間**の各年分ですが、それ以外の場合（ⅳの場合）は**10年間**の各年分です（措41⑩）。

B　認定住宅等以外の住宅の場合

　住宅の取得等をして、令和6年中にその居住の用に供した場合（その取得等の日から6か月以内に居住の用に供した場合に限ります。）において、その取得等に係る住宅借入金等の金額を有するときは、上記**A**の住宅の取得等の場合の特例との選択により、その年末残高に基づいて、次の算式

により計算した金額がその年以後13年間の各年分の所得税の額から控除されます（措41①）。

> 住宅借入金等の年
> 末残高の合計額　× 0.7% ＝ 控除額（100円未満の端数捨て）
> （控除限度額※）

(イ) 「住宅の取得等」とは、次に掲げるものをいいます（措41①）。

 i 居住用家屋の新築又は建築後使用されたことのないものの取得

 ii 中古住宅で耐震基準に適合する一定のものの取得

 iii 居住用の家屋の一定の増改築等（費用総額が100万円を超えるもの）

> 注　認定住宅等に該当する場合の買取再販認定住宅等については宅地建物取引業者が増改築等を行っているわけですが、このBの場合には納税者自身が増改築等を行ったときにも適用対象となります。

(ロ) 「借入金等の年末残高の合計額」が控除限度額を超える場合には、その限度額が上限となります。上記算式中の「※」の控除限度額は、**2,000万円**です（措41③）。

なお、控除年数は、**10年間**の各年分です（措41①）。

C　認定住宅等の場合の床面積の特例

上記A及びBの特例の適用対象となる住宅の床面積は、50㎡以上であることとされていますが、その年分の合計所得金額が1,000万円以下である人が取得をした小規模の居住用家屋で、令和5年12月31日以前に建築確認を受けているものについては、40㎡以上50㎡未満の床面積の住宅であっても、上記A及びBの特例の適用対象とすることとされています（措41⑳）。

また、認定住宅等で、令和6年12月31日以前に建築確認を受けているものについても、この床面積の特例の対象とすることとされています（措41㉑）。

● 住宅ローン控除等の改正（令和6年から適用）

1　令和4年の税制改正

　令和4年の税制改正の際に、「認定住宅等に係る住宅借入金等の年末残高の合計額の限度額」を、令和6年及び令和7年について次の図表の右側のとおり改正することとされています。

〔認定住宅等に係る限度額の改正〕

住宅の区分＼居住の用に供した年月日		令和4年1月1日〜令和5年12月31日（改正前）	令和6年1月1日〜令和7年12月31日（改正後）
①　認定長期優良住宅又は低炭素建築物等に該当する家屋	新築等又は買取再販による認定住宅等の取得	5,000万円	4,500万円
②　特定エネルギー消費性能向上住宅（ZEH水準省エネ住宅）		4,500万円	3,500万円
③　エネルギー消費性能向上住宅（省エネ基準適合住宅）		4,000万円	3,000万円
④　上記以外の認定住宅等		3,000万円	3,000万円

　注　控除年数は、いずれも13年間ですが、④の令和6年と7年については10年間とされています。

　なお、「認定住宅等以外の住宅の場合の住宅借入金等の年末残高の合計額」は、令和6年分及び令和7年分については、3,000万円又は2,000万円から2,000万円に改められています。

2　令和6年の税制改正

　令和6年の税制改正により、年齢40歳未満であって配偶者を有する人、年齢40歳以上であって年齢40歳未満の配偶者を有する人又は年齢19歳未満の扶養親族を有する人（これらの人を**特例対象個人**といいます。）が、

認定住宅等（上記Cの床面積の特例の適用を設けるものを含みます。）の取得をして、令和6年1月1日から12月31日までの間に居住の用に供した場合の借入金等の控除限度額について、上記1の「改正後」欄の①、②、③に掲げる4,500万円を5,000万円と、3,500万円を4,500万円と、3,000万円を4,000万円と読み替えて適用することとされました。

また、上記Cの床面積の特例は、令和6年の税制改正により、令和6年12月31日以前に建築確認を受けている認定住宅等にも適用することとされました。

D　年末調整による特別控除の適用

確定申告をしてこの住宅借入金等特別控除の適用を受けた給与所得者で、給与所得の年末調整を受ける人は、所定の手続きをすることにより、その確定申告をした年の翌年以後の各年分の所得税について、年末調整によってこの住宅借入金等特別控除の適用を受けることができます（措41の2の2①）。

E　転任に伴う転居等の場合の特別控除の再適用

住宅借入金等特別控除の適用を受けていた人が、給与等の支払をする者からの転任の命令に伴う転居その他これに準ずるやむを得ない事由により、この特別控除の適用を受けていた家屋に居住しなくなった後、その家屋に再び居住した場合には、適用年の残年数分についてこの特別控除の再適用を受けることができることとされています。この場合、再び居住した年にその家屋を賃貸していたときは、再び居住した年の翌年から再適用を受けることとなります（措41㉛）。

また、自己の居住の用に供した家屋をその居住の用に供した年内に、給与等の支払をする人からの転任の命令に伴う転居その他これに準ずる

やむを得ない事由により居住の用に供しなくなった（当初居住年転居）後、その家屋に再び居住した場合には、再び居住の用を供した年（当初居住年を含みます。）から適用年の残年数分についてこの特別控除の適用を受けることができるとされています。この場合、再び居住した年にその家屋を賃貸していたときは、再び居住した年の翌年から適用を受けることとなります（措41㉛）。

F　控除不足額の住民税からの控除

所得税の住宅借入金等特別控除の適用を受けた人について、所得税から控除しきれなかった控除額がある場合には、その控除不足額のうち一定額を翌年度分の個人住民税から控除することができます（地法附則）。

> **ロ　認定住宅等の新築等の際に講じた標準的な費用がある場合の特別控除**

認定住宅等（この場合は、認定長期優良住宅、低炭素建築物等に該当する家屋又は特定エネルギー消費性能向上住宅をいいます。）の新築又は認定住宅等で建築後使用されたことのないものの取得をして、令和6年中にその居住の用に供した場合（その取得等の日から6か月以内に居住の用に供した場合に限ります。）において、その住宅について講じられた構造及び設備に係る標準的な費用の額があるときは、その標準的な費用の額に基づいて、次の算式により計算した金額がその年分の所得税の額から控除されます（措41の19の4①）。

ただし、この特例は、その年分の合計所得金額が2,000万円を超える年分には適用されません。また、①居住の用に供した年、その前年若しくは前々年において、居住用財産を譲渡した場合の長期譲渡所得の課税の特例など（措31の3、35）の適用を受けている場合、②居住の用に供し

た年分の翌年以後3年以内の各年において、その住宅及びその敷地以外の資産を譲渡してこれらの譲渡所得の特例の適用を受けている場合にも、この特別控除は適用されません。

認定住宅等について講じ
られた標準的な費用の額 × 10% ＝ 控除額（100円未満の端数捨て）
（最高650万円）

なお、その年分の所得税の額から控除しても控除しきれない金額については、翌年分の所得税の額から控除されます（措41の19の4②）。

ハ　中古住宅の耐震改修をした場合の特別控除

昭和56年5月31日以前に建築された居住用の家屋について、一定の耐震改修（費用総額が50万円を超えるもの）をして、令和6年中にその居住の用に供した場合において、その住宅について講じられた構造及び設備に係る標準的な費用の額があるときは、その標準的な費用の額に基づいて、次の算式により計算した金額がその年分の所得税の額から控除されます（措41の19の2①）。

中古住宅等について講じ
られた標準的な費用の額 × 10% ＝ 控除額（100円未満の端数捨て）
（最高250万円）

ニ　中古住宅の特定改修をした場合の特別控除

居住用の家屋について、次に掲げる各種工事をして、令和6年中にその居住の用に供した場合（その増改築等の日から6か月以内に居住の用に供した場合に限ります。）には、その工事の標準的な費用の額（最高限度額があります。）の10%に相当する金額がその年分の所得税の額から控除されます（措41の19の3①②③④⑤⑥⑦）。

ただし、この特例は、その年分の合計所得金額が2,000万円を超える

年分には適用されません（措41の19の3⑨）。

 i 住宅耐震改修工事等

 ii 高齢者等居住改修工事等

 iii 一般断熱改修工事等

 iv 多世帯同居改修工事等

 v 耐久性向上改修工事等

 vi 子育て対応改修工事

これらの工事等がその年中に重複する場合には、上記ハの工事の標準的な費用の額も含め最高限度額が調整されます（措41の19の3④⑤⑥⑦⑧）。また、原則として、3年内に連続して適用することはできません（措41の19の3⑮⑯⑰）。

◉　子育て対応改修工事の追加（令和6年4月から12月までに居住の用に供するものに適用）

令和6年の税制改正により、上記ニの特例の適用対象工事に、年齢40歳未満であって配偶者を有する人、年齢40歳以上であって年齢40歳未満の配偶者を有する人又は年齢19歳未満の扶養親族を有する人（いわゆる子育て支援対象者）が、子育て対応改修工事等をして、令和6年4月1日から12月31日までの間に居住の用に供する場合が追加されました。

この「子育て対応改修工事等」とは、住宅内における子供の事故を防止するための工事などの一定の工事であって、その工事に係る標準的な工事費用相当額が50万円を超えるなどの要件を満たすものをいいます。

（3）政党等寄附金特別控除

政党及び政治資金団体（「政党等」といいます。）に対する政治活動に関

する寄附金で一定のものを支出した場合には、寄附金控除の適用を受けるか、次の算式で計算した金額（その年分の所得税額の25％相当額を限度とします。）について税額控除の適用を受けるか、いずれか有利な方を選択できます（措41の18②）。

$$
\left\{
\begin{array}{l}
\text{その年中に支出した} \\
\text{政党等に対する政治} \\
\text{活動に関する寄附金} \\
\text{の額の合計額}
\end{array}
-
\left(
\begin{array}{l}
2\text{千円（寄附金控除の適用）} \\
\text{を受ける特定寄附金の額} \\
\text{がある場合には、2千円か} \\
\text{らその特定寄附金の額の} \\
\text{合計額を控除した残額）}
\end{array}
\right)
\right\}
\times 30\% =
\begin{array}{l}
\text{税額控除額} \\
\left(
\begin{array}{l}
100\text{円未満の} \\
\text{端数切捨て}
\end{array}
\right)
\end{array}
$$

なお、算式中の「その年中に支出した政党等に対する政治活動に関する寄附金の額の合計額」は、その年分の所得金額の合計額の40％に相当する金額が限度です。ただし、寄附金控除の適用を受ける特定寄附金（127頁参照）の額がある場合で、その年中に支出した政党等に対する政治活動に関する寄附金の額の合計額にその年中に支出した特定寄附金の額の合計額を加算した金額がその年分の所得金額の合計額の40％に相当する金額を超えるときは、その40％に相当する金額からその特定寄附金の額の合計額を控除した残額とされます。

（4）外国税額控除

外国の法令により個人の所得を課税標準として税金が課されたときは、一定の方法により算出した金額を限度に、その外国で課せられた税額を控除します（法95）。

（5）分配時調整外国税相当額控除

次に掲げる株式等に係る配当等について、国外投信などが納付した外国所得税等がある場合には、その外国所得税等の額のうち所定の金額を所得税の額から控除します（所93、措9の6、9の6の2、9の6の3、9の

6の4)。

① 集団投資信託（株式等証券投資信託、公社債投資信託、公募の公社債等運用投資信託、公募の非公社債等投資信託、特定受益証券発行信託及び合同運用信託（貸付信託等）をいいます。）の収益の分配

② 特定目的会社の利益の配当

③ 投資法人の投資口の配当等

④ 特定目的信託の受益権の剰余金の配当

⑤ 投資信託のうち法人課税信託に該当するものの受益権の剰余金の配当

（6）その他の税額控除

(1)から(5)までのほかに、①認定特定非営利活動法人に寄附した場合の所得税額の特別控除及び②公益社団法人等に寄附をした場合の所得税額の特別控除があります。

また、青色申告者に限って認められる税額控除として、③試験研究を行った場合の所得税額の特別控除、④中小事業者が機械等を取得した場合の所得税額の特別控除、⑤地域経済牽引事業の促進区域内において特定事業用機械等を取得した場合の所得税額の特別控除、⑥地方活力向上地域等において特定建物等を取得した場合の所得税額の特別控除、⑦地方活力向上地域等において雇用者の数が増加した場合の所得税額の特別控除、⑧特定中小事業者が特定経営力向上設備等を取得した場合の所得税額の特別控除、⑨給与等の支給額が増加した場合の所得税額の特別控除、⑩認定特定高度情報通信技術活用設備を取得した場合の所得税額の特別控除、⑪事業適応設備等を取得した場合の所得税額の特別控除などがあります。

なお、震災税特法において、復興産業集積区域において機械等を取得した場合や企業立地促進区域において機械等を取得した場合の所得税額の特別控除などの所得税額の特別控除が設けられています。

> 注　新型コロナ感染症関連の措置として、上記⑧の特例の適用対象に、一定の要件に当てはまるテレワーク等のためのデジタル化装置が加えられています。

3　納付税額の算出

各種所得控除後の課税所得金額に税率を乗じて算出された税額（算出税額）から、145頁の(1)の配当控除以下の税額控除及び既に源泉徴収された税金があるときはその金額を差し引いて申告納税額を算出します。

この申告納税額から予定納税額（193頁の**2**参照）を差し引いた金額を確定申告によって納付することになります。

なお、平成23年12月の税制改正により創設された「**復興特別所得税**」は、外国税額控除前の所得税額に2.1％を乗じて計算することとされています。この復興特別所得税の課税期間は、平成25年から令和19年までの25年間です。

> 注　令和6年の税制改正により、令和6年分の1年限りの特別減税（**定額減税**）の特例が創設されています。その詳細は、160頁以下の第12章で解説します。

12 令和6年分の所得税の特別税額控除の特例（定額減税）とはどのようなものか

1 特別税額控除（定額減税）の創設

　令和6年の税制改正により創設された特別税額控除の特例は、令和6年分の1年限りの特別減税で、この特例は、令和6年分の合計所得金額が1,805万円以下の納税者（居住者に限ります。）に限って適用される特例です。

　その特別税額控除額は、次に掲げる金額の合計額です。ただし、令和6年分の所得税の金額が限度です。

　イ　納税者（居住者に限ります。）本人分……3万円

　ロ　納税者の同一生計配偶者又は扶養親族分……それらの親族（居住者に限ります。）1人につき3万円

　この特例は、納税者本人及びその同一生計配偶者又は扶養親族が居住者に該当する場合に適用することとされており、「居住者」とは、日本国内に住所を有し、又は現在まで引き続いて1年以上居所を有する個人をいい、その判定の時期は、原則としてその年の12月31日とされています。

　この場合の「同一生計配偶者」とは、納税者と生計を一にする配偶者で、その者の合計所得金額が48万円以下である人をいいます。ただし、青色事業専従者として給与の支払を受ける人又は事業専従者（75頁のイ参照）は含まれません。配偶者特別控除の対象者も含まれません。

　また、「扶養親族」とは、納税者と生計を一にする親族（配偶者を除き

ます。)、都道府県知事から養育を委託された児童及び市町村長から養護を委託された老人のうち、その者の合計所得金額が48万円以下である人をいいます。ただし、青色事業専従者として給与の支払を受ける人又は事業専従者は含まれませんが、扶養控除の対象となる扶養親族と異なり、年齢16歳未満の人が含まれます。

2 形態別の特別税額控除の方式

この特別税額控除の方式は、納税者の形態により異なっています。次のAからDまでの場合に応じ、それぞれ次によることとされています。

A 基準日在職者に該当する居住者である場合

基準日在職者に該当する居住者である場合には、主たる給与の支払者が対象人数を確認した上で、令和6年6月1日以後に支払を受ける給与等に係る源泉徴収税額から月次減税額を順次控除することとし、年末調整の段階で対象人数を再確認した上で減税額の累積額を精算します（措法41の3の7、41の3の8）。

この場合の「基準日在職者」とは、令和6年6月1日現在において給与等の支払者から主たる給与等（扶養控除等申告書を提出して支払を受ける、いわゆる甲欄適用給与等）の支払を受ける人をいいます。

このケースに該当する居住者については、主たる給与等の支払者が、年末調整の際に減税額を精算することによって、特別税額控除の控除は原則として完了します。ただし、次の場合には、それぞれ次のようになります。

i 給与所得以外の所得も含めて合計所得金額が1,805万円を超えると認められる人であっても、月次減税額の控除を受けることになります。しかし、実際に1,805万円を超えることとなった場合には年

調減税の対象にはならないため、年末調整の際にそれまでに控除してきた月次減税額を帳消しにすることになります。

ⅱ　給与等の収入金額が2,000万円を超えると認められる人であっても、月次減税額の控除を受けることになります。しかし、実際に2,000万円を超えることとなった場合にはそもそも年末調整の対象とならないため、月次減税額は確定申告の際に精算することになります。

B　扶養親族等申告書を提出して公的年金等の支払を受ける居住者である場合

扶養親族等申告書を提出して公的年金等の支払を受ける居住者である場合には、令和6年6月1日以後に支払を受ける公的年金等に係る源泉徴収税額から減税額を順次控除することとし、必要に応じて確定申告により精算することになります（措法41の3の9）。

C　事業所得者や不動産所得者などで確定申告により特別税額控除を受ける多様なケースの場合

事業所得者や不動産所得者などの場合には、これまでも確定申告をしてきたわけであり、これらの納税者で、令和6年分の合計所得金額が1,805万円以下の人（居住者に限ります。）については、今回の特別減税についても、確定申告によって税額控除の適用を受けることになります（措法41の3の3）。

その控除は、確定申告によって納付すべき所得税の額から控除することになるので、特別税額控除額を記入する欄が新たに設けられた令和6年分の確定申告書の様式が、いずれ国税庁から公表されることになります。

注 1　いわゆるフリーランサーなどの人で事業所得又は雑所得として

確定申告をしている場合にも、確定申告により控除を受けること
になります。

2　事業所得や雑所得であっても受け取る報酬等について源泉徴収
をされる場合があるが、その源泉徴収の段階では特別税額控除の
対象とならないため、必要に応じて確定申告により控除を受ける
ことになります。

また、次に掲げるような人も、確定申告によって特別減税の適用を受
けることになります。

イ　扶養控除等申告書を提出していない乙欄適用給与等又は丙欄適用
給与等の支払を受ける納税者である場合には、源泉徴収の対象とは
なっているものの、月次減税及び年調減税の対象とはなっていませ
ん。このため、主たる給与等に係る源泉徴収税額から控除しきれな
い特別減税額があるとき（主たる給与等がないときを含みます。）には、
主たる給与等と合わせてみずから確定申告をすることによって特別
減税の適用を受けることになります。

ロ　扶養親族等申告書を提出していない公的年金等に係る源泉徴収税
額についても特別税額控除の対象とならないため、必要に応じて確
定申告により控除を受けることになります。令和6年5月31日以前
に年末調整の対象となった場合や源泉徴収税額について災害減免法
の適用を受けた場合も同様です。

ハ　退職所得に係る源泉徴収税額については特別税額控除の対象とな
らないため、主たる給与等に係る源泉徴収税額から控除しきれなか
った特別税額控除がある場合には、退職所得を含めて確定申告をし
て精算することになります。

ニ　令和6年5月31日以前に死亡した納税者や非居住者となった納税
者、退職した納税者は、準確定申告又は更正の請求をすることによ
り特別減税の適用を受けることになります。

> 注 準確定申告をする際には、令和6年分の確定申告書の様式が
> ないため令和5年分の様式を使用することになります。その場
> 合の記載要領は、179頁の**3**参照。

　ホ　合計所得金額が48万円を超える配偶者は同一生計配偶者に該当し

　　ないため、みずから確定申告をすることによって特別減税の適用を

　　受けることになります。

D　予定納税の対象者である場合

　現行制度上、前年分の確定申告に係る納税額が多い人については、確

定申告の前段階の7月及び11月において納税予定の見積額の一部を前倒

しして「予定納税」をすることとされています（予定納税の仕組みについ

ては、193頁参照）。このため、その人の場合については、今回の特別税額

控除額は、まずその予定納税額から控除することとし、確定申告におい

て精算することとされています（措法41の3の5）。

　この予定納税額から控除する特別税額控除額（予定納税特別控除額）の

金額は3万円（納税者本人分のみです。）で、この控除は、特別農業所得者

以外の人の場合には、第1期に納付すべき所得税額から控除し、特別農

業所得者の場合には、第2期に納付すべき所得税額から控除すること

とされています。この控除の手続としては、税務署長が計算して6月又は

10月納税者に通知をする予定納税額の計算上控除することとされている

ので納税者の手間は必要ありません（措法41の3の5）。

　次に、令和6年分の合計所得金額が1,805万円以下であると見込まれ

る納税者（居住者に限ります。）で、特別税額控除額が3万円を超えると見

込まれる人が、予定納税額から予定納税特別控除額の控除を受けようと

する場合には、その納税者が予定納税額の減額の申請をすることとされ

ています（措法41の3の6）。要するに、同一生計配偶者又は扶養親族に

係る特別控除額がある場合には、納税者が予定納税額の減額の申請をすることができることとされており、第1期において控除しきれない場合は第2期において控除し、確定申告において精算することとされています。しかし、更正の請求の手続は官民ともに手数のかかることなので、できれば確定申告の際に適用を受けるのが望ましいと思われます。

この減額申請の期限については、7月15日から7月31日に延期することとされ、納付期限については、7月31日から9月30日に延期することとされています（措法41の3の4）。

3　源泉徴収において特別税額控除を受けている場合で、確定申告が必要となる多様なケースの場合

源泉徴収の段階で特別税額控除を受けている場合（基準日在職者に該当する場合）は、源泉徴収されるべき所得税額から特別税額控除額を控除することになっており、源泉徴収票上の「源泉徴収税額」の欄には、特別税額控除額を控除した後の金額が記載することになっています。したがって、それらの人が確定申告をする必要がある場合には、確定申告書上の算出税額から控除される源泉徴収税額が減税額相当額分だけ減額になってしまうので、確定申告をすることによって源泉徴収段階での特別税額控除が帳消しになってしまうような形になります。

しかし、その帳消しをした上で、改めて計算した特別税額控除額を控除することによりその年分の納付すべき所得税額として調整されることになります。要するに、特別税額控除額控除後の源泉徴収税額と確定申告により納付すべき所得税額との合計額がその納税者がその年分において負担する所得税額となります。

この仕組みを図示すると、次のようになります。

〔源泉徴収において特別税額控除を受けている場合の年間負担額の計算例〕

		ケースⅠ	ケースⅡ	ケースⅢ	ケースⅣ
①	給与所得	—	8,000,000	6,000,000	6,000,000
②	事業所得	6,000,000	—	—	—
③	不動産所得	2,000,000	—	2,000,000	2,000,000
④	合計所得	8,000,000	8,000,000	8,000,000	8,000,000
⑤	所得控除	2,000,000	2,000,000	2,000,000	2,000,000
⑥	課税所得	6,000,000	6,000,000	6,000,000	6,000,000
⑦	算出税額	772,500	772,500	772,500	772,500
⑧	（⑦－特減額）×1.021	666,202	666,202	666,202	666,202
⑨	（控除前の源徴額－特減額）×1.021 = A	0	666,202	257,802	227,172
⑩	差引税額（⑧－⑨＝B）	666,202	0	408,400	439,030
⑪	年間負担（A＋B）	666,202	666,202	666,202	666,202

（注）　**特別減税額（特減額）**は、本人分と同一生計配偶者、扶養親族 2 人の計 4 人分の合計額120,000円のケースです。ケースⅣは、誤って150,000円を控除していたケースです。

　　　　　注　確定申告書の記載例は、179頁から186頁までに掲載しています。

　こういった仕組みによって源泉徴収段階の特別税額控除を確定申告の段階で調整することになっています。しかし、源泉徴収の段階で特別税額控除額の全額を源泉徴収すべき税額から控除しきれないときや事情変更等があるため特別税額控除額に変動があるときなどの場合には、確定申告において精算することになります。例えば、次のようなケースが想定されます。

　イ　特別税額控除額の全額を源泉徴収の段階において控除しきれない残額がある場合で、給与等以外の所得があるため、確定申告により納付すべき所得税額からその残額の控除を受けるケース

　ロ　配偶者特別控除の対象者は合計所得金額が48万円を超えるため特別税額控除の対象とはならないところ、源泉徴収の段階においてそ

の配偶者特別控除の対象者を特別税額控除の対象に含めているケース

ハ　納税者の合計所得金額が1,000万円を超える場合のその者の同一生計配偶者（合計所得金額が48万円以下）は、配偶者控除又は配偶者特別控除の対象とならないが特別税額控除の対象にはなるところ、源泉徴収の段階においてその同一生計配偶者を特別税額控除の対象に含めていないケース

ニ　年齢16歳未満の扶養親族は扶養控除の対象とならないが特別税額控除の対象にはなるところ、源泉徴収の段階においてその年齢16歳未満の扶養親族を特別税額控除の対象に含めていないケース

ホ　納税者の主たる給与の収入が2,000万円（給与所得換算1,805万円）を超える場合には、そもそも年末調整の対象とならないため、月次減税額は確定申告によって精算することが必要となるケース。

ヘ　納税者の主たる給与の収入が2,000万円以下ではあるが、給与所得以外の所得があるためその給与所得を含めて計算した合計所得金額が1,805万円を超えると見込まれる場合には、それまで控除した月次減税額を年末調整の際に帳消しすることとなります。

　　しかし、その後の確定申告の段階において、その給与所得以外の所得が赤字であることが判明し、損益通算の結果、合計所得金額が1,805万円以下となる場合には、確定申告の際に改めて特別税額控除の適用を受けることになるケース

ト　年末調整の段階では、納税者の給与等の所得を含めて計算した合計所得金額が1,805万円以下であると見込まれるため、年調減税の適用を受けていたところ、確定申告の段階では、その給与等以外の所得の金額を改めて計算したところ、合計所得金額が1,805万円を

超えることとなるケース。例えば次のようなケース

A　改めて計算した事業所得や不動産所得などの所得を給与所得と合算すると合計所得金額が1,805万円を超えることとなるケース

B　申告分離課税の長期譲渡所得で居住用の住宅について3,000万円の特別控除の特例の適用を受けたため差し引き所得は少額になったとしても、合計所得金額の計算上は3,000万円の特別控除前の金額で判定することになるので、合計所得金額が1,805万円を超えることとなるケース

チ　納税者が給与等と公的年金等とを併有する場合において、給与等に係る特別減税と公的年金等に係る特別減税が重複して行われているため、確定申告によって精算する必要があるケース

リ　青色事業専従者として給与の支払を受ける人は、その事業経営者が主たる給与の支払者である場合には、その給与に係る源泉徴収の段階で特別減税の適用を受けることになります。しかし、その給与が甲欄適用給与等に該当しない場合には、青色事業専従者自身が確定申告をすることにより特別減税の適用を受けることになります。

ヌ　令和6年6月2日以後に就職した人は、基準日在職者に該当しないため、月額減税を行わず、年末調整又は確定申告により特別減税の適用を受けることになります。

　　また、基準日在職者であった人が再就職した場合も同様です。

ル　令和6年6月2日以後に死亡退職した人や海外赴任等により出国した人は、その際に行われる年末調整の手続により減税額の精算をするか、確定申告により精算をすることになります。

　　注　準確定申告をする際に使用する申告書の様式については、164頁の注参照。

4 合計所得金額の意義

　この特別税額控除の特例は、「その年分の合計所得金額が1,805万円以下」の納税者（居住者に限ります。）に限って適用することとされています。この場合の「合計所得金額」とは、次に掲げる金額の合計額（純損失・雑損失の繰越控除前の金額）をいいます。

　イ　総合課税の利子所得・配当所得・短期譲渡所得、事業所得、不動産所得、給与所得、雑所得、退職所得及び山林所得の金額の合計額（損益通算後の金額）

　　　[注]　退職所得の金額については、確定申告不要の場合でも加算します。

　ロ　総合課税の長期譲渡所得と一時所得（いずれも損益通算後の金額）の金額の2分の1後の金額

　ハ　申告分離課税の利子所得・配当所得・譲渡所得・雑所得などの金額の合計額（損益通算後の金額）

　　　[注]　申告分離課税の譲渡所得の金額は、譲渡所得に係る特別控除額を控除する前の金額です。

49頁の図表によって確認することができます。

13 申告はどのように行うか

─〔ポイント〕─

● 　所得税は１月から12月までの１年間の所得金額とその税額を計算して、翌年の２月16日から３月15日までの間に税務署に確定申告をして納税します。

● 　給与所得者は、月々の源泉徴収により所得税を納め、年末調整により所得税を精算しますので、原則として確定申告をする必要はありません。

● 　確定申告の必要のない給与所得者でも、雑損控除や医療費控除などの適用を受けるためには確定申告が必要です。

● 　確定申告で所得金額や税額を少なく申告していた人は、正しい金額にするために、「修正申告」をすることができます。

● 　確定申告で所得金額や税額を多く申告していた人は、正しい金額にするために、「更正の請求」をすることができます。

● 　確定申告書に記載されている所得金額や税額が税務署の調査したところと違っている場合（過少申告）は、税務署長は所得金額や税額を「更正」して納税者に通知します。

● 　確定申告をしなければならない人が確定申告を申告期限までにしなかった場合（無申告）は、税務署長は所得金額や税額を「決定」して納税者に通知します。

1 申告の種類

　所得税は、納税者が自分の暦年1年間の所得や税額を計算して、それを確定申告書に記載して翌年の2月16日（源泉所得税の還付を受けるための申告書については、1月1日）から3月15日までの間に税務署へ提出するとともに、税金を納付する申告納税制度を採っています。

　確定申告には、年に一回行う一般の確定申告のほかに、納税者が死亡したり、出国するときに行われる確定申告があります。

　既に提出した申告に誤りがあって、更に税額が増えるときには、修正申告が行われます。

　また、既に提出した申告に誤りがあって、それよりも税額が減る場合には、更正の請求が行われます。

2 一般の確定申告

（1）確定申告をしなければならない人

イ　一般の人の場合（法120①）

　利子、配当、不動産、事業、給与、譲渡、一時、雑、山林、退職所得のある人でこれらの所得金額の合計額が所得控除の合計額を超える人は、確定申告をしなければなりません。

　ただし、その超える額に対する税額よりも配当控除額が多いときには、確定申告はしなくてもよいことになっています。また、所得税の確定申告についてその計算した所得税の額の合計額が配当控除額を超える場合であっても、控除しきれなかった外国税額控除の額があるとき、控除しきれなかった源泉徴収税額があるとき又は控除しきれなかった予納税額があるときは、確定申告をしなくてもよいことになっています。

この場合における確定申告書の提出期限は、翌年の１月１日から５年以内となっています。

ロ　給与所得者の場合 （法121①）

給与所得者は、大部分の人は年末調整により納税手続が完了し確定申告をする必要はありません。しかし、給与所得者であっても、上記イに該当する人で次のいずれかにも該当する人は、確定申告をしなければなりません。

① 　その年中の給与等の収入金額が2,000万円を超える人

② 　１か所から給与を受けている人で、給与所得及び退職所得以外の所得金額の合計額が20万円を超える人

③ 　２か所以上から給与を受けている人で、主たる給与の支払者以外の給与の支払者から支払を受ける給与の収入金額と給与所得及び退職所得以外の所得金額の合計額が20万円を超える人

　　ただし、給与の収入金額から社会保険料控除、小規模企業共済等掛金控除、生命保険料控除、地震（損害）保険料控除、障害者控除、ひとり親控除又は寡婦控除、勤労学生控除、配偶者控除、配偶者特別控除及び扶養控除の額の合計額を差し引いた残りの金額が150万円以下で、しかも給与所得及び退職所得以外の所得金額の合計額が20万円以下の人は申告の必要はありません。

④ 　同族会社等の法人の役員等で、その法人から給与所得のほかに貸付金に対する利子や不動産の賃貸料を受けている人

⑤ 　災害によって住宅又は家財に被害を受けたため、災害減免法の適用を受けて給与所得の源泉徴収の猶予を受け又は徴収された税金の還付を受けた人 （災免法３⑤）

⑥ 　源泉徴収がされないことになっている給与等の支払を受ける次の人

で、所得金額の合計額が所得控除の合計額を超える人

a　常時2人以下の家事使用人を使用している雇主から給与の支払を
受ける家事使用人

b　在日外国公館や国外で給与の支払を受ける人

ハ　退職所得のある人の場合 （法121②）

退職所得については、一般的に、退職金の支払の際に、その退職金の
支払者が超過累進税率により所得税を源泉徴収するだけで済まされます
（31頁の(8)参照）。

ニ　年金所得者の場合

年金所得者で上記イに該当する人は、確定申告をしなければなりませ
ん。しかし、その年中の公的年金等の収入金額が400万円以下で、かつ、
その年金以外の他の所得の金額（給与所得については、85頁の所得金額調整控
除後の金額、措41の3の3⑥）が20万円以下の人は、原則として確定申告を
しなくてもよいことになっています（法120①、121③、措41の3の3⑥）。

（2）確定申告をすれば税金が戻る人

源泉徴収された税金や予定納税した税金がその年分の所得金額につい
て計算した税額より多いとき（(1)に該当するときを除きます。）は、確定申
告をすることによって過納分の税金が還付されます。この申告書は、そ
の年の翌年1月1日から5年以内に税務署で受け付けています（法122）。

例えば、次のような人の場合は還付を受けることができます。

①　所得が一定額以下の人で、総合課税の配当所得や原稿料などがある人

②　給与所得者で、雑損控除や医療費控除、寄附金控除、住宅借入金等
特別控除、政党等寄附金特別控除などを受けることができる人

③　所得が公的年金等に係る雑所得のみの人で、医療費控除や社会保険

料控除などを受けることができる人

④　年の中途で退職した後就職しなかった人で年末調整を受けなかった人

⑤　退職所得がある人で、退職所得の支払を受けるときに「退職所得の受給に関する申告書」を提出しなかったため20％の税率で源泉徴収がされた人で、その源泉徴収税額が正規の税額を超える人

⑥　予定納税をしている人で、確定申告の必要がなくなった人

（3）純損失が生じたときの確定申告

　各種所得の赤字と黒字について損益通算を行った結果、純損失の金額が生じたときは、損失申告書を提出します。この損失額（白色申告の場合は、変動所得の損失及び被災事業用資産の損失の金額に限ります。）は、翌年以後3年間（令和5年4月1日以後に発生する特定非常災害による場合は、翌年以後5年間）に繰り越して、それぞれの年分の総合課税の各種所得の金額、山林所得の金額及び退職所得の金額から差し引くことができます（43頁参照、法70、123）。

　また、前年分についても青色申告をしている場合には、純損失の全部又は一部を前年に繰り戻して、前年分の税額計算をし直して税金の還付を受けることもできます（法140）。

　なお、公募上場等の公社債株式等の譲渡所得等や先物取引に係る雑所得等の計算上生じた損失、特定中小会社の特定株式の譲渡等による損失については、翌年以後3年間に繰り越して、それらの年分のそれぞれの同一類型の所得（公募上場等の公社債株式等の譲渡による損失については、公募上場等の公社債株式等に係る利子・配当所得を含みます。）から控除できます。

　また、一定の要件に当てはまる居住用財産の譲渡による損失については、総合課税の各種所得の金額、山林所得の金額及び退職所得の金額と

の損益通算及び純損失の繰越控除ができることになっています（47頁の(5)参照）。

（4）雑損失が生じたときの確定申告

　雑損控除額が所得金額の合計額より多いときは、損失申告書を提出します。この損失額は、翌年以後3年間（令和5年4月1日以後に発生する特定非常災害による場合は、翌年以後5年間）に繰り越して、それぞれの年分の所得金額から差し引くことができます（137頁参照、法71、123）。

（5）確定申告書の種類

　申告の内容を使用する申告書は、次頁の図表の区分のとおりです。

（6）e-Tax でする確定申告

　確定申告書の提出は e-Tax（国税電子申告・納税システム）でもできます。e-Tax は、自宅や事務所、税理士事務所などからインターネットを利用して申告や申請、届出等ができる便利なシステムです。

　e-Tax で申告を行うと、次のようなメリットがあります。

イ　電磁的方法による書類の送付

　e-Tax で確定申告書を提出する人は、源泉徴収義務者（交付者）から電磁的方法により交付を受ける次の書類をその添付書類としてオンライン送信することができます（国税庁が定める一定のデータ形式で作成され、かつ、源泉徴収義務者等の電子署名が付されたものが対象となります。）。

① 　給与所得の源泉徴収票

② 　公的年金等の源泉徴収票

③ 　退職所得の源泉徴収票

④　特定口座年間取引報告書

〔申告の内容と使用する申告書〕

使用する申告書 申告の内容	申告書		別　　表		
			分　離	損　失	
	一 表	二 表	三 表	四　表	
				(一)	(二)
①　所得の種類にかかわらず、だれでも使用できます。	○	○			
②　申告分離課税の土地建物等の譲渡所得、公社債株式等の譲渡所得等などや山林所得、退職所得がある場合 （注）　ただし、次の③に該当する場合を除きます。	○	○	○		
③　損失申告 　(1)　青色申告者で、その年に生じた純損失の金額がある場合 　(2)　白色申告者で、その年に生じた純損失のうちに、翌年以後に繰り越す変動所得の損失額、被災事業用資産の損失額がある場合 　(3)　雑損控除額をその年の所得金額から控除すると赤字になる場合 　(4)　繰越損失額をその年の所得金額から控除すると赤字になる場合 など。	○	○		○	○
④　修正申告 　(1)　総合課税の所得のみの場合	○	○			
(2)　分離課税の所得がある場合	○	○	○		

ロ　第三者作成書類の添付省略

　所得税の確定申告書の提出が e-Tax を使用して行われる場合におい
て、次に掲げる第三者作成書類については、提出又は提示に代えて、そ
の記載内容を入力して送信することができます。この場合において、税
務署長は原則として確定申告期限から5年間、その入力内容の確認のた
めに当該書類を提出又は提示させることができ、これに応じなかった場
合には、確定申告書の提出に当たって当該書類の提出又は提示をしたこ
とにはならないものとされます（国税関係法令に係る行政手続等における情報
通信の技術の利用に関する省令5③④、平成19年国税庁告示第8号、第31号）。

(イ)　災害等に関連してやむを得ない支出をした金額についての領収書

(ロ)　医療費の領収書等

(ハ)　社会保険料（国民年金保険料）控除証明書等

(ニ)　小規模企業共済等掛金控除の支払った掛金額の証明書

(ホ)　生命保険料控除の支払額などの証明書

(ヘ)　地震（損害）保険料控除の支払額などの証明書

(ト)　寄附をした団体などから交付を受けた寄附金の受領証等

(チ)　勤労学生控除の学校や法人から交付を受けた証明書

(リ)　特定増改築等・住宅借入金等特別控除に係る「住宅取得資金に係る
　　　借入金の年末残高等証明書」（この控除を受ける2年目以後の年分に限りま
　　　す。）

(ヌ)　政党等寄附金特別控除の「寄附金（税額）控除のための書類」

(ル)　外国所得税を課税されたことを証明する書類

(ヲ)　給与所得の源泉徴収票

(ワ)　退職所得の源泉徴収票

(カ)　公的年金等の源泉徴収票

㋤　給与所得者の特定支出控除に係る支出の証明書等

㋣　特定口座年間取引報告書

（7）ID・パスワード方式による確定申告

　マイナンバーカードと IC カードリーダライタを持っている人は、パソコンで e-Tax を利用して確定申告をする、いわゆるマイナンバーカード方式を選択することができることになっています。

　しかし、それらを持っていない人であっても、ID とパスワードがあれば、パソコンやスマホ、タブレット端末で e-Tax を利用して確定申告をすることができることになりました。これを ID・パスワード方式といいます。この場合の ID とパスワードは、近くの税務署で本人確認書類を提示するだけで簡単に取得することができます。

　この ID・パスワード方式は、マイナンバーカードや IC カードリーダライタが普及するまでの暫定的な措置として導入されたものです。なお、この方式は、国税庁ホームページの「確定申告書等作成コーナー」でのみ利用することができることになっており、民間の財務ソフトなどでは利用できません。

3 確定申告書の記載例

【設例11】

次の例により確定申告書の記載要領を説明します。

その1 申告書は181、182頁参照

田中太郎さんの令和6年分の所得の明細等は次のとおり。

(1) 所得金額の明細

　　　・給与収入金額　7,000,000円　　・不動産所得の金額　1,800,000円

$$\left(\begin{array}{ll}収入金額 & 2,200,000円 \\ 必要経費 & 300,000円 \\ 青色申告特別控除 & 100,000円\end{array}\right)$$

(2) 所得控除の明細

　　　・医療費の支払額（保険などで補てんされる金額はない。）　250,000円

　　　・社会保険料の支払額　　　　　　　　　　　　　　　　　　980,000円

　　　・生命保険料の支払額（平成17年契約。個人年金保険料の支払はない。）

　　　　　　　　　　　　　　　　　　　　　　　　　　　　　　100,500円

　　　・地震保険料の支払額　　　　　　　　　　　　　　　　　　60,000円

　　　・生計を一にする親族は次のとおり。

　　　　　妻　花子　　　長男　一郎（21歳）　　　長女　恵子（16歳）

(3) 年末調整を受けた給与所得の源泉徴収税票の内容は次のとおりです。

　　　・支払金額　　　　7,000,000円　・所得控除の額　　2,950,000円
　　　・給与所得控除　　5,200,000円　　の合計額
　　　　後の金額　　　　　　　　　　　・特別減税額控除前　127,500円
　　　　　　　　　　　　　　　　　　　　の源泉徴収税額

　　　・特別減税額の計算
　　　　本人分、同一生計配偶者分及び扶養親族2人分の計4人分です。
　　　　　　　　　　　　　　　　　　30,000円×4人＝120,000円

　　　・特別減税額控除後の源泉徴収税額の計算
　　　　　　　　　　（127,500円－120,000円）×1.021＝7,600円

〔解　説〕

(1) 総所得金額の計算

（給与収入金額）（給与所得控除額）（給与所得の金額）
7,000,000円 － 1,800,000円 ＝ 5,200,000円

（給与所得の金額）（不動産所得の金額）（総所得金額）
5,200,000円 ＋ 1,800,000円 ＝ 7,000,000円

(2) 所得控除額の計算

（支払った医療費）　　　　　　　（医療費控除額）
250,000円 － 100,000円 ＝ 150,000円

（医療費控除額）（社会保険料控除額）（生命保険料控除額）
150,000円 ＋ 980,000円 ＋ 50,000円

（地震保険料控除額）（配偶者控除額）（扶養控除額）（基礎控除額）
＋ 50,000円 ＋ 380,000円 ＋1,010,000円＋480,000円

（所得控除額）
＝ 3,100,000円

(3) 課税される所得金額の計算

（総所得金額）　　（所得控除額）（課税総所得金額）
7,000,000円 －（3,100,000円）＝ 3,900,000円

(4) 差引所得税額の計算

（課税総所得金額）　　　　　　（差引所得税額）
3,900,000円×0.2－427,500円＝352,500円

(5) 特別減税額の計算

（特別減税額）
30,000円×4人＝120,000円

(6) 申告納税額の計算

（差引所　）（特別減　）（復興特別　）（源泉徴　）（申告納税額）
（得税額　）（税　額　）（所得税額　）（収税額　）
352,500円－120,000円＋4,882円－7,600円＝229,700円

(7) ㊸欄がマイナスになるときはゼロとします。

— 180 —

令和 7 年 3 月 13 日　令和 **06** 年分の 所得税及び 復興特別所得税 の 確定 申告書

`FA2203`

第一表 （令和五年分以降用）

納税地	〒	××× － ××××	個人番号（マイナンバー）				生年月日	3	4 7 . 0 7 . 2 2

現在の住所又は居所事業所等　東区大手前町0－00

フリガナ　タナカ　タロウ

氏名　田中　太郎

令和6年1月1日の住所　同上

職業　会社員　　屋号・雅号　　世帯主の氏名　田中太郎　　世帯主との続柄　本人

種類　〇 青色 分離 国出 損失 修正　特農の表示　整理番号　電話番号 自宅・勤務先・携帯　×× －×××× －××××

（単位は円）

収入金額等	事業	営業等	㋐					
		農業	㋑					
	不動産		㋒	2200000				
	配当		㋓					
	給与	区分	㋔	7000000				
	雑	公的年金等	㋕					
		業務 区分	㋖					
		その他 区分	㋗					
	総合譲渡	短期	㋘					
		長期	㋙					
	一時		㋚					

所得金額等	事業	営業等	①		
		農業	②		
	不動産		③	1800000	
	利子		④		
	配当		⑤		
	給与	区分	⑥	5200000	
	雑	公的年金等	⑦		
		業務	⑧		
		その他	⑨		
	⑦から⑨までの計		⑩		
	総合譲渡・一時 ㋙+{(㋚+㋛)×½}		⑪		
	合計 ①から⑥までの計+⑩+⑪		⑫	7000000	

所得から差し引かれる金額	社会保険料控除	⑬	980000	
	小規模企業共済等掛金控除	⑭		
	生命保険料控除	⑮	50000	
	地震保険料控除	⑯	50000	
	寡婦、ひとり親控除	⑰〜⑱	0000	
	勤労学生、障害者控除	⑲〜⑳	0000	
	配偶者（特別）控除	㉑〜㉒	380000	
	扶養控除	㉓	1010000	
	基礎控除	㉔	480000	
	⑬から㉔までの計	㉕	2950000	
	雑損控除	㉖		
	医療費控除 区分	㉗	150000	
	寄附金控除	㉘		
	合計 ㉕+㉖+㉗+㉘	㉙	3100000	

税金の計算	課税される所得金額 （⑫−㉙）又は第三表	㉚	3900000	
	上の㉚に対する税額 又は第三表の⑨	㉛	352500	
	配当控除	㉜		
	区分	㉝		
	区分	㉞	00	
	政党等寄附金等特別控除	㉟〜㊲		
	住宅耐震改修特別控除等 区分	㊳〜㊵		
	差引所得税額（基準所得税額） （㊶−㊵）	㊶	352500	
	特別税額控除額	㊷	120000	
	再差引所得税額（基準所得税額）（㊶−㊷）	㊸	232500	
	復興特別所得税額 （㊸×2.1%）	㊹	4882	
	所得税及び復興特別所得税の額 （㊸+㊹）	㊺	237382	
	外国税額控除等 区分	㊻〜㊼		
	源泉徴収税額	㊽	7600	
	申告納税額 （㊺−㊻−㊼−㊽）	㊾	229700	
	予定納税額 （第1期分・第2期分）	㊿		
	第3期分の税額 （㊾−㊿）	納める税金	⑤	229700
		還付される税金	⑤	

修正申告	修正前の第3期分の税額（還付の場合は頭に△を記載）	⑤		
	第3期分の税額の増加額	⑤	00	

その他	公的年金等以外の合計所得金額	⑤		
	配偶者の合計所得金額	⑤		
	専従者給与（控除）額の合計額	⑤		
	青色申告特別控除額	⑤	100000	
	雑所得・一時所得等の源泉徴収税額の合計額	⑤		
	未納付の源泉徴収税額	⑥		
	本年分で差し引く繰越損失額	⑥		
	平均課税対象金額	⑥		
	変動・臨時所得金額 区分	⑥		

延納の届出	申告期限までに納付する金額	⑥	00	
	延納届出額	⑥	000	

還付される税金の受取場所	銀行・金庫・組合・農協・漁協		本店・支店・出張所・本所・支所
	郵便局名等		預金種類 普通 当座 納税準備 貯蓄
	口座番号記号番号		

公金受取口座登録の同意　　公金受取口座の利用

整理欄 区分	A	B	C	D	E	F	G	H	I	J	K
異動							L				

整理欄　管理　　名簿　　　補完　　　確認

（44・45・49・51又は52の記入をお忘れなく。）

申告はどのように行うか

第13章

※申告書様式は令和5年分のものを使用しています。ただし、㊷欄の「災害減免額」
　は、便宜上「特別税額控除額」としています。

令和 06 年分の 所得税及び復興特別所得税 の確定申告書

整理番号 □□□□□□□□　　FA2303

	第二表

住所 東区大手前町0-00
屋号
フリガナ タナカ タロウ
氏名 田中太郎

右側の第二表：

⑬⑭ 社会保険料控除 小規模企業共済等掛金控除	保険料等の種類	支払保険料等の計	うち年末調整等以外
	源泉徴収票のとおり	980,000	

⑮ 生命保険料控除	新生命保険料	円	円
	旧生命保険料	100,500	
	新個人年金保険料		
	旧個人年金保険料		
	介護医療保険料		

⑯ 地震保険料控除	地震保険料	60,000 円	円
	旧長期損害保険料		

本人に関する事項 (⑰〜⑳)
寡婦・ひとり親・勤労学生・障害者・特別障害者
□ 死別 □ 生死不明 □ ひとり親 □ 年調以外かつ専修学校等 □ 障害者 □ 特別障害者
□ 離婚 □ 未帰還

雑損控除に関する事項 (㉖)
損害の原因	損害年月日	損害を受けた資産の種類など
	・　・	

損害金額	円	保険金などで補塡される金額	円	差引損失額のうち災害関連支出の金額	円

寄附金控除に関する事項 (㉘)
寄附先の名称等		寄附金	

○ 所得の内訳 (所得税及び復興特別所得税の源泉徴収税額)

所得の種類	種目	給与などの支払者の「名称」及び「法人番号又は所在地」等	収入金額	源泉徴収税額
給与	給与	大阪商事(株)	7,000,000	7,600
		㊽ 源泉徴収税額の合計額		7,600 円

○ 総合課税の譲渡所得、一時所得に関する事項 (⑪)

所得の種類	収入金額	必要経費等	差引金額
	円	円	円

特例適用条文等　措41

○ 配偶者や親族に関する事項 (⑳〜㉓)

氏名	個人番号	続柄	生年月日	障害者	国外居住	住民税	その他
田中花子		配偶者 明・大 ㊼ 49.5.10		障 特障	国外 年調	同一 別居	調整
田中一郎		子 昭・平 ㊺ 令 14.9.21		障 特障	国外 年調	(16) 別居	調整
田中恵子		子 明・大 ㊺ 令 19.4.6		障 特障	国外 年調	16 別居	調整
		明・大 昭・平・令		障 特障	国外 年調	16 別居	調整
		明・大 昭・平・令		障 特障	国外 年調	(16) 別居	調整

○ 事業専従者に関する事項 (57)

事業専従者の氏名	個人番号	続柄	生年月日	従事月数・程度・仕事の内容	専従者給与(控除)額
		明・大 昭・平			
		明・大 昭・平			

○ 住民税・事業税に関する事項

住民税	非上場株式の少額配当等	非居住者の特例	配当割額控除額	株式等譲渡所得割額控除額	給与、公的年金等以外の所得に係る住民税の徴収方法 特別徴収 / 自分で納付	都道府県、市区町村への寄附(特例控除対象)	共同募金、日赤その他の寄附	都道府県条例指定寄附	市区町村条例指定寄附
					○				

退職所得のある配偶者・親族の氏名	個人番号	続柄	生年月日	退職所得を除く所得金額	障害者	その他 寡婦・ひとり親
		明・大 昭・平			障 特障	寡婦 ひとり親

事業税	非課税所得など	10	所得金額	1,900,000	損益通算の特例適用前の不動産所得		前年中の開(廃)業	開始・廃止
	不動産所得から差し引いた青色申告特別控除額			100,000	事業用資産の譲渡損失など		他都道府県の事務所等	

上記の配偶者・親族・事業専従者のうち別居の者の氏名・住所
氏名 　住所 　国外 所得税で控除対象配偶者などとした専従者 氏名 　給与

一連番号 □

整理欄 申告区分 □　特例適用条文 □ 法 □ | 申告年月日 | 所得種類 | 申告期限 | 復興特別所得税30条 33条の2 | 税理士署名・電話番号 (　－　 　－　)

※申告書様式は令和5年分のものを使用しています。

—182—

申告書は185、186頁参照

鈴木二郎さんの令和6年分の所得の明細等は次のとおり。

(1) 所得金額の明細

・事業所得の金額　　4,100,000円

　　　　（収入金額23,660,000円、必要経費18,600,000円、青色事業
　　　　専従者給与960,000円）

・不動産所得の金額　　70,000円

　　　　（収入金額1,080,000円、必要経費360,000円、青色申告特別
　　　　控除650,000円）

・配当所得の金額　　100,000円

　　　　（年1回決算上場会社からの配当100,000円（源泉税：所得税
　　　　及び復興特別所得税15,315円、地方税5,000円））

(2) 所得控除額の明細

・社会保険料の支払額　900,000円

　　　　（国民健康保険500,000円、国民年金400,000円）

・生命保険料の支払額　110,000円

　　　　（平成18年契約。個人年金保険料の支払はない。）

・地震保険料の支払額　25,000円

・生計を一にする親族は次のとおり。

　　　妻　　夏子（青色事業専従者としての給与所得あり。）

　　　長男　秋夫（19歳）　長女　春子（15歳）

(3) 特別減税額の計算　　30,000円×3人＝90,000円

(4) 予定納税額　　第1期分は21,400円、第2期分は51,400円

〔解　説〕

(1)　事業所得、不動産所得、配当所得はすべて黒字であるので、これらを合計し総所得金額4,270,000円が算出されます。

(2)　公募上場等の株式等の配当所得は、源泉徴収だけで課税が済み、申告の必要はありません。ただし、配当所得を含めて申告し配当控除や源泉徴収税額の控除や還付を受けることもできます。この設例では、配当所得を含めて申告した方が、申告納税額が15,300円少くなります。

(3)　所得控除は、社会保険料の支払額の全額が社会保険料控除、生命保険料の支払額のうち50,000円を上限として生命保険料控除、地震保険料の支払額が50,000円以下のためその全額が地震保険料控除となり、更に扶養控除、基礎控除が受けられます。

(4)　妻夏子さんは、鈴木二郎さんの青色事業専従者として給与の支払を受けているので、鈴木二郎さんの同一生計配偶者としての特別減税の対象にはなりません。妻夏子さんの専従者給与にかかる所得税の金額の計算上、特別減税の適用を受けることになります。

(5)　長女春子さんは16歳未満のため扶養控除額は0円となりますが、16歳未満であっても特別減税額30,000円の対象となります。

(6)　予定納税の第一期分は本来51,400円ですが、税務署からの予定納税の通知の時点で、鈴木二郎さん本人分の特別減税額30,000円が控除されているので21,400円となっています。

(7)　㊸欄がマイナスになるときはゼロとします。

令和 ０６ 年分の 所得税及び復興特別所得税 の 確定 申告書

FA2203

第一表（令和五年分以降用）

納税地	〒×××－××××	個人番号（マイナンバー）		生年月日 3 48.04.21
現在の住所又は居所事業所等	板橋区××町1-2	フリガナ	スズキ ジロウ	
		氏名	鈴木 二郎	
令和7年1月1日の住所	同 上	職業 青果小売	屋号・雅号 鈴木商店	世帯主の氏名 鈴木二郎　世帯主との続柄 本人

電話番号 自宅・勤務先・携帯 ×× ー×××ー××××

種類 ○ 分離 国出 損失 修正 特農の表示 整理番号

（単位は円）

収入金額等

		区分	
事業	営業等	㋐	23660000
業	農業	㋑	
不動産	区分1 区分2	㋒	1080000
配当		㋓	100000
給与	区分	㋔	
雑	公的年金等	㋕	
	業務	㋖	
	その他	㋗	
総合譲渡	短期	㋘	
	長期	㋙	
一時		㋚	

所得金額等

事業	営業等	①	4100000
業	農業	②	
不動産		③	70000
利子		④	
配当		⑤	100000
給与	区分	⑥	
雑	公的年金等	⑦	
	業務	⑧	
	その他	⑨	
⑦から⑨までの計		⑩	
総合譲渡・一時 ⑦+{(③+㋙)×½}		⑪	
合計 ①から⑥までの計+⑩+⑪		⑫	4270000

所得から差し引かれる金額

社会保険料控除	⑬	900000
小規模企業共済等掛金控除	⑭	
生命保険料控除	⑮	50000
地震保険料控除	⑯	25000
寡婦、ひとり親控除 区分	⑰～⑱	0000
勤労学生、障害者控除	⑲～⑳	0000
配偶者（特別）控除 区分1 区分2	㉑～㉒	0000
扶養控除 区分	㉓	630000
基礎控除	㉔	480000
⑬から㉔までの計	㉕	2085000
雑損控除	㉖	
医療費控除 区分	㉗	
寄附金控除	㉘	
合計 ㉕+㉖+㉗+㉘	㉙	2085000

税金の計算

課税される所得金額 （⑫−㉙）又は第三表	㉚	2185000
上の㉚に対する税額 又は第三表の㉝	㉛	121000
配当控除	㉜	10000
区分	㉝	
投資税額等 住宅借入金等特別控除 区分	㉞	0 0
政党等寄附金等特別控除	㉟～㊲	
住宅耐震改修特別控除等 区分	㊳～㊵	
差引所得税額	㊶	111000
特別税額控除額	㊷	90000
再差引所得税額（基準所得税額） （㊶−㊷）	㊸	21000
復興特別所得税額 （㊸×2.1%）	㊹	441
所得税及び復興特別所得税の額 （㊸＋㊹）	㊺	21441
外国税額控除等 区分	㊻～㊼	
源泉徴収税額	㊽	15315
申告納税額 （㊺−㊻−㊼−㊽）	㊾	6100
予定納税額 （第1期分・第2期分）	㊿	72800
第3期分の税額 （㊾−㊿）	納める税額	51	0 0
	還付される税金	52	66700

㊹・㊺・㊾・51又は52の記入をお忘れなく。

その他

修正申告 修正前の第3期分の税額 （還付の場合は頭に△を記載）	53	
第3期分の税額の増加額	54	0 0
公的年金等以外の合計所得金額	55	
配偶者の合計所得金額	56	
専従者給与（控除）額の合計額	57	960000
青色申告特別控除額	58	650000
雑所得・一時所得等の源泉徴収税額の合計額	59	
未納付の源泉徴収税額	60	
本年分で差し引く繰越損失額	61	
平均課税対象金額	62	
変動・臨時所得金額 区分	63	

延納の届出	申告期限までに納付する金額	64	0 0
	延納届出額	65	0 0 0

還付される税金の受取場所	○○ 銀行・金庫・組合 農協・漁協 ×× 本店・支店 出張所 本所・支所
郵便局名等	
預金種類	普通 当座 納税準備 貯蓄 ○
口座番号記号番号	××××××××

公金受取口座登録の同意　公金受取口座の利用

整理欄 区分 A B C D E F G H I J K L 異動 補完

整理欄 管理 名簿 確認

※申告書様式は令和5年分のものを使用しています。ただし、㊷欄の「災害減免額」は、便宜上「特別税額控除額」としています。

整理番号　　FA2303

令和 06 年分の所得税及び復興特別所得税の確定申告書

第二表（令和五年分以降用）

住所　板橋区××町1－2
屋号　鈴木商店
フリガナ　スズキ ジロウ
氏名　鈴木二郎

○ 所得の内訳（所得税及び復興特別所得税の源泉徴収税額）

所得の種類	種目	給与などの支払者の「名称」及び「法人番号又は所在地」等	収入金額	源泉徴収税額
配当	配当	△△印刷(株)	100,000円	15,315円

㊽ 源泉徴収税額の合計額　15,315円

保険料等の種類		支払保険料等の計	うち年末調整等以外
⑬⑭社会保険料控除・小規模企業共済等掛金控除	国民健康保険	500,000円	500,000円
	国民年金	400,000	400,000
⑮生命保険料控除	新生命保険料	円	円
	旧生命保険料	110,000	110,000
	新個人年金保険料		
	旧個人年金保険料		
	介護医療保険料		
⑯地震保険料控除	地震保険料	25,000円	25,000円
	旧長期損害保険料		

本人に関する事項（⑰～⑳）　寡婦　ひとり親　勤労学生　障害者　特別障害者
□ 死別　□ 生死不明　□ 離婚　□ 未帰還　□ 年調以外かつ専修学校等

○ 雑損控除に関する事項（㉖）

損害の原因	損害年月日	損害を受けた資産の種類など
	・ ・	

損害金額　円　保険金などで補填される金額　円　差引損失額のうち災害関連支出の金額　円

○ 総合課税の譲渡所得、一時所得に関する事項（⑪）

所得の種類	収入金額	必要経費等	差引金額
	円	円	円

○ 寄附金控除に関する事項（㉘）

寄附先の名称等　　寄附金　円

特例適用条文等

○ 配偶者や親族に関する事項（⑳～㉓）

氏名	個人番号	続柄	生年月日	障害者	国外居住	住民税	その他
鈴木夏子		配偶者	明・大・昭・平 48. 8. 1	障　特障	国外　年調	同一　別居	調整
鈴木秋夫		子	明・大・昭・平・令 16. 9. 15	障　特障	年調	16　別居	調整
鈴木春子		子	明・大・昭・平・令 20. 4. 6	障　特障	年調	16　別居	調整
			明・大・昭・平・令 ・ ・	障　特障	年調	16　別居	調整
			明・大・昭・平・令 ・ ・	障　特障	年調	16　別居	調整

○ 事業専従者に関する事項（(57)）

事業専従者の氏名	個人番号	続柄	生年月日	従事月数・程度・仕事の内容	専従者給与（控除）額
鈴木夏子		妻	明・大・昭・平 48. 8. 1	12月販売その他	960,000
			明・大・昭・平 ・ ・		

○ 住民税・事業税に関する事項

住民税	非上場株式の少額配当等	非居住者の特例	配当割額控除額	株式等譲渡所得割額控除額	給与、公的年金等以外の所得に係る住民税の徴収方法 特別徴収	自分で納付	都道府県、市区町村への寄附（特例控除対象）	共同募金、日赤その他の寄附	都道府県条例指定寄附	市区町村条例指定寄附
	円	円	5,000円	円		○	円	円	円	円

退職所得のある配偶者・親族の氏名	個人番号	続柄	生年月日	退職所得を除く所得金額	障害者	その他	寡婦・ひとり親
			明・大・昭・平 ・ ・	円	障　特障	調整	寡婦　ひとり親

事業税			
非課税所得など　番号 10	所得金額 720,000円	損益通算の特例適用前の不動産所得	円
前年中の開(廃)業	開始・廃止	月日	
不動産所得から差し引いた青色申告特別控除額	650,000	事業用資産の譲渡損失など	
他都道府県の事務所等			

上記の配偶者・親族・事業専従者のうち別居の者の氏名・住所　氏名　住所　国外　所得税で控除対象配偶者などとした専従者　氏名　給与　円　一連番号

整理欄　申告区分　申告等年月日　年　月　日　所得種類　特例適用条文　法　条　項　号　申告期限　年　月　日

税理士法書面提出 30条 33条の2

税理士署名・電話番号
（　－　－　）

○第二表は、第一表と一緒に提出してください。○国民年金保険料や生命保険料の支払証明書など申告書に添付しなければならない書類は添付書類台紙などに貼ってください。

※申告書様式は令和５年分のものを使用しています。

4 死亡又は出国の場合の確定申告

死亡又は出国の場合で確定申告をしなければならないのは、次の場合です。

(1) 納税者が死亡したとき

確定申告をしなければならない人が死亡した場合には、相続人は、その死亡した人に代わって、その年の所得金額などを申告しなければなりません。この申告書の提出及びこれに伴う納税は、その相続のあったことを知った日（一般的には死亡の日）の翌日から4か月以内に、その死亡した人の住所地の税務署に対してしなければなりません（法124、125）。

(2) 納税者が出国するとき

海外に出国する納税者は、原則としてその出国の日までに、その年の所得金額などの確定申告と納税をしなければなりません。ただし、納税者に代わって申告書の提出や納税など所得税に関する事務を処理する納税管理人を定めて税務署に届け出た場合には、通常の法定期限（翌年3月15日）までに申告、納税することになっています（法126、127、通117）。

5 期限後申告

確定申告をしなければならない人が、申告期限の3月15日までに申告しなかった（無申告といいます。）ときは、申告期限後に確定申告（「期限後申告」といいます。）と納税をすることとなります（通18）。

期限後申告をした場合又は税務署から決定の通知があった場合には、**無申告加算税**が課されます（通66）。

6　修正申告

　確定申告をした後で、その申告書に記載した所得金額、所得控除額あるいは税額計算や税額控除に誤りがあり、更に納付すべき税額が増えるとき、あるいは還付を受けた税額が過大であるときは、修正申告をすることとなります（通19）。

　間違った申告について税務署から更正の通知があった場合又は税務署から調査を受けた結果申告もれが発見され修正申告をした場合には、**過少申告加算税**が課されます（通65）。

7　更正の請求

　確定申告をした後で、その申告書に記載した所得金額や税額の計算などに間違いがあって税金を余分に納めていたり、あるいは還付を受けた税額が過少であったときには、正しい金額にするために更正の請求をすることができます。税務署では、更正の請求書に基づいて調査を行い、その請求が正当と認められるときは、納め過ぎの税金を還付することになっています（通23）。

8　更正と決定

　納税者が提出した確定申告書に記載されている所得金額などに誤りがあるときで納税者が修正申告をしないときは、税務署では調査したところによって所得金額や税額などを「更正」して納税者に通知します。

　また、確定申告をしなければならない人が確定申告をしなかったときは、所得金額や税額などを「決定」して納税者に通知します（通24、25）。

　更正や決定を受けた場合には、追徴される本税のほかに過少申告加算

税又は無申告加算税が課されます（通65、66）。

9 重加算税の賦課

事実を隠ぺいし又は仮装していた場合には、上記6若しくは8の過少申告加算税又は上記5若しくは8の無申告加算税に代えて**重加算税**が課されます（通68）。

14 財産債務調書及び国外財産調書とはどのようなものか

─〔ポイント〕─

● その年分の総所得金額等が2,000万円を超える人が、3億円以上の財産又は1億円以上の国外転出特例対象財産を有する場合には、財産債務調書を提出しなければなりません。

● 国外財産の合計額が5,000万円を超える人は、国外財産調書を提出しなければなりません。

1 財産債務調書

その年分の総所得金額等（長期・短期譲渡所得の特別控除前の金額）が2,000万円を超える人が、その年の12月31日現在において3億円以上の財産又は1億円以上の国外転出特例対象財産（財産のうち有価証券等並びに未決済信用取引等及び未決済デリバティブ取引に係る権利をいいます。）を有する場合には、その有する財産の種類、数量、価額及び債務の金額その他必要な事項を記載した「財産債務調書」をその年の翌年6月30日までに提出しなければなりません（送金法6の2）。

なお、令和5年からは、その年の12月31日において10億円以上の財産を有する場合にも、財産債務調書を提出しなければなりません。

2 国外財産調書

その年の12月31日において、その有する国外にある財産（国外財産とい

います。）の価額の合計額が5,000万円を超える人は、その有する国外財産の種類、数量及び価額その他必要な事項を記載した「国外財産調書」を、その年の翌年6月30日までに提出しなければなりません（送金法5①）。

　なお、前記1の財産債務調書も提出しなければならない人は、財産債務調書には、国外財産調書に記載されるべき国外財産に関する事項の記載を要しないこととされており（送金法5②）、それを記載しないときには、実務上、その財産債務調書に「国外財産については国外財産調書に記載のとおり。」などと記載することになっています。

(注)　国外財産調書については、次の①、②及び③の措置が設けられており、前記1の財産財務調書についても、①及び②と同様の措置が設けられています（送金法6、6の3、7、9）。

　①　国外財産調書の提出の有無等に応じて過少申告加算税等を加減算する特例

　②　国外財産調書に係る質問検査権の規定（虚偽答弁等に係る罰則の規定を含む。）の整備

　③　国外財産調書の虚偽記載等に係る罰則の規定の整備

15 税金はどのようにして納めるのか

─〔ポイント〕─

● 確定申告により納める所得税は、申告期限と同じ3月15日（納期限）までに納めることになっています。

● 納期限までに納税がないときは、原則として年14.6％（納期限の翌日から2か月を経過する日までは年7.3％）の延滞税がかかります。

● 前年分の確定申告を基にして計算したその年の所得税額（予定納税基準額）が15万円以上の納税者は、その3分の1ずつを7月と11月に予定納税することになっています。

1 税金の納付のあらまし

　所得税では、確定申告をしてその税金を納めることになっています。

　所得税の納付は、現金で納付する代わりに、本人名義の金融機関の預貯金口座から申告税額を自動的に納税する振替納税の方法があります。

　もし納税が遅れると、その年の前年11月30日現在の日本銀行が定める基準割引率に4％を加算した割合と年7.3％のいずれか低い方の割合の延滞税が法定納期限の翌日からかかります。また、納期限の翌日から2か月を経過する日の翌日以降は年14.6％（日歩4銭）の延滞税がかかり、場合によっては差押えなどの滞納処分を受けることになります（通60、措94）。

　なお、1年分の税金を一時に納めることは、納税者にとっても負担で

あり、また国としても歳入の平準化をはかる必要があるなどのため、次に述べる予定納税制度及び延納の制度が設けられています。

2 予定納税とはどんな制度か

（1）予定納税とは

　予定納税とは、所得税の確定申告をして納税する前に、その年分の所得税を7月と11月の2回に分けて予納することです。予定納税額は、前年分の確定申告の所得税額に基づいて、税務署で予定納税基準額を計算し、納税者に通知します。なお、予定納税額は、予定納税基準額の3分の1ずつになります（法104）。

　しかし、単作地帯の農家のように、農業所得がその年の総所得金額の7割を超え、かつ、9月以降に生ずる農業所得がその年の農業所得の7割を超える人（特別農業所得者といいます。）は、11月に1回だけ予定納税を行います。この場合の予定納税額は、予定納税基準額の2分の1になります（法107、2①三十五）。

（2）予定納税基準額の計算方法

　予定納税基準額は、原則として、前年分の所得税について確定申告をした人や税務署から更正や決定を受けた人で、その年の5月15日（特別農業所得者は9月15日）現在で確定している前年分の総所得金額に対する税額から、その所得についての前年分の源泉徴収税額を差し引いた金額です。ただし、前年分の総所得金額のうちの譲渡所得、一時所得、雑所得又は臨時所得の各所得金額や、それらの所得の源泉徴収税額は除外して計算します（法104～110）。

この予定納税基準額は、6月15日（特別農業所得者は10月15日）までに税務署から予定納税額として通知され、納税者はその額を納付することになります。しかし、予定納税基準額が15万円に満たないときは、予定納税基準額はないものとされますから、予定納税する必要はありません。

3 予定納税額を減額できるとき

（1）減額申請とは

税務署から予定納税額の通知を受けた納税者は、その額を納付することになりますが、次に掲げる理由等により、自分で計算したその年分の税額（「申告納税見積額」といいます。）が、通知を受けた予定納税基準額よりも少なくなると見込まれるときは、予定納税額の減額申請をすることができます（法111～113）。

① 廃業、休業又は失業などのため、所得金額が減少する場合

② 震災、風水害などの災害や盗難、横領により事業用資産に損害を受けたため所得金額が減少する場合や、事業用以外の生活に通常必要な資産に損害を受けたため雑損控除が受けられる場合

③ 多額の医療費を支出したため、医療費控除が受けられる場合

④ 新たに障害者控除、配偶者控除、配偶者特別控除、扶養控除、生命保険料控除などの所得控除を受けられることとなった場合やそれらの金額が増加する場合

⑤ 業況不振等のため、前年分の実績に比べて明らかに少なくなると見込まれる場合

（2）申告納税見積額の計算方法

　予定納税基準額は、前年分の総所得金額に対する納税額を基として計算されますが、減額申請をする場合の申告納税見積額はその年の所得金額の見積りや所得控除額を基として計算します。この場合の所得金額には、総所得金額のうちの譲渡所得、一時所得、雑所得又は臨時所得や申告分離課税の所得があるときは、それらの所得も含めます。

（3）減額申請の手続

　予定納税額の減額申請は、原則として、6月30日の現況で申告納税見積額を計算し、7月15日までに申請しなければなりません（法111①③）。

　また、第1期分の予定納税を済ませた後で、第2期分の予定納税までの間に災害や業況不振のため見積額が減少することがあります。このような場合は、10月31日の現況により、11月15日までに減額申請を行って第2期分の予定納税額を減額することができます。

4　延　　納

　確定申告をして、所得税を納付する必要が生じたが、3月15日の期限までにその全額を納付することができない場合には、確定申告で納付することになった税額の2分の1以上を3月15日までに納付すれば、残額については、5月31日までの延納が認められます。

　なお、この場合は3月16日から完納するまでの間、その年の前年11月30日現在の日本銀行が定める基準割引率に4％を加算した割合と年7.3％のいずれか低い方の割合で利子税がかかります（法131）。

16 災害等にあったときはどうすれば よいのか

〔ポイント〕

● 地震や風水害などの災害や盗難、横領によって住宅や家財などの資産に損害を受けたときは、雑損控除などが受けられます。

● 年間所得1,000万円以下の人が災害によって住宅や家財に損害を受け、その損害額が住宅や家財の２分の１以上のときは、雑損控除に代えて災害減免法の適用が受けられ、所得金額に応じて所得税が免除又は軽減されます。

1 救済方法

納税者が、地震や風水害などの災害や盗難、横領によって損害を受けたときは、次のように納税者の選択によって所得税の負担が軽減され、また、申告期限や納期限が延長されます。

（1）所得税法によるもの

所得税法で認められる救済手段は、雑損控除の適用、事業所得の必要経費算入、譲渡所得からの控除の３つがあります。

① 災害や盗難又は横領によって住宅や家財などの資産に年間所得の10％を超える損害を受けたときには、雑損控除が受けられます（法72）。また、雑損控除額が所得金額の合計額より多いときは、翌年以後３年間（令和５年４月１日以後に発生する特定非常災害による場合は、翌年以後５年

間）にわたって繰越控除をすることができます（137頁参照、法71）。

② 棚卸資産や店舗、機械などの固定資産に損害を受けたときは、その損害額は事業所得等の計算上必要経費となります（法37、51①④）。この結果、事業所得等が赤字となり他の所得と通算しても、更に所得金額が赤字となるときは、翌年以後3年間（令和5年4月1日以後に発生する特定非常災害による場合は、翌年以後5年間）にわたって繰越控除をすることができます（43頁参照、法70）。

③ 災害、盗難又は横領によって山林に生じた損失は、その損失の生じた年分の事業所得又は山林所得の金額の計算上必要経費に算入することができます（法51③）。

④ 別荘、書画、骨とう品など生活に通常必要でない資産に受けた損害はその年及び翌年の譲渡所得から控除できます（法62）。

（2）租税特別措置法によるもの

災害に関する租税特別措置法上の措置として、次のようなものがあります。

① 住宅借入金等を有する場合の所得税額の特別控除又は特定の増改築等に係る住宅借入金等を有する場合の所得税額の控除額に係る特例の適用を受ける住宅が災害により居住の用に供することができなくなった場合には、災害により居住の用に供することができなくなった年以後のその住宅に係る適用年についても、原則としてその税額控除の適用を受けることができます（措41、41の3の2）。

② 次に掲げる特例の適用を受ける人が、特定非常災害の指定を受けた災害のため、その買換資産等を予定期間等内に取得等をすることが困難となった場合には、その予定期間等を2年の範囲内で延長すること

ができます。

a 優良住宅地の造成等のために土地等を譲渡した場合の長期譲渡所得の課税の特例（措31の2）

b 収用等に伴い代替資産を取得した場合の課税の特例（措33）

c 交換処分等に伴い資産を取得した場合の課税の特例（措33の3）

d 特定の居住用財産の買換えの場合の長期譲渡所得の課税の特例（措36の2）

e 既成市街地等内にある土地等の中高層耐火建築物等の建設のための買換え及び交換の場合の譲渡所得の課税の特例（措37の5）

f 居住用財産の買換え等の場合の譲渡損失の損益通算及び繰越控除（措41の5）

（3）災害減免法によるもの

　年間所得が1,000万円以下の人が、地震や風水害などの災害によって住宅や家財に甚大な損害を受け、保険金等により補てんされた後の損害額が、住宅や家財の価額の2分の1以上の場合には、雑損控除との選択によりその年の所得税が次のように免除又は軽減されます（災免法2）。

① 年間所得が500万円以下のときは、所得税の全額が免除されます。

② 年間所得が500万円を超え750万円までのときは、所得税の2分の1が軽減されます。

③ 年間所得が750万円を超え1,000万円までのときは、所得税の4分の1が軽減されます。

　なお、年間所得が1,000万円を超えるときや損害額が住宅や家財の2分の1以下のときは、災害減免法は適用になりません。したがって、この場合には、雑損控除を適用することになります。

（4）国税通則法によるもの

イ　納期限等の延長

　災害が広い地域に発生し、多数の納税者が損害を受けたときには、国税庁長官は告示をもってその地域を指定し、国税に関する申告、申請、請求、届出、納付又は徴収などの期限を災害のやんだ日から2か月以内に限り延長することができます。したがって、この告示があれば、その地域では自動的に期限が延長されます（通11、通令3①）。

　地域指定の告示がないときは、個別に税務署長に申請すれば、災害のやんだ日から2か月以内に限り期限の延長を受けることができます。この場合には、災害がやんだ日以後相当の期間内にこの申請書を出さなければなりません（通11、通令3②）。

ロ　徴収猶予

　納期限等延長のほかに、災害によって相当の損害を受けた場合は、災害のやんだ日から2か月以内に申請すれば、担保の提供をしないで1年以内の徴収の猶予が認められます（通46）。

2　災害にあったときの当面の救済方法

　災害によって損害を受けた場合は、上記のように所得税法や災害減免法による税負担の軽減が図られています。しかし、これらは、翌年の確定申告によって適用されるものであるため、取りあえず、災害により損害を受けた年に次のような措置を受けることができるようになっています。

（1）給与所得者の場合

　給与所得者が災害により住宅や家財の2分の1以上の損害を受けたときは、申請に基づき、次のような災害減免法による所得税の源泉徴収の

猶予及び還付を受けることができます。これらの徴収猶予又は還付を受けた人は、必ず翌年の確定申告によって精算しなければなりません（災免法3②、災免令3の2）。

① 年間所得の見積額が500万円以下の人は、災害発生の日から年末までに納める源泉所得税が徴収猶予になり、それまでに納付した源泉所得税は還付されます。

② 年間所得の見積額が500万円を超え750万円以下の人は、災害発生の日が6月30日以前の場合は、以後6か月間の源泉所得税が徴収猶予となります。災害発生の日が7月1日以後の場合は、災害発生の日から年末までの源泉所得税が徴収猶予となり、7月1日以後に納付した源泉所得税は還付されます。また、本人の選択によって、1月1日から災害のあった日までに納付した源泉所得税の2分の1の還付を受け、災害発生の日から12月31日までに納付する源泉所得税の2分の1について徴収猶予を受けることもできます。

③ 年間所得の見積額が750万円を超え1,000万円以下の人は、災害発生後3か月間の源泉所得税が徴収猶予されます。しかし、この3か月の期間が翌年にわたるときは12月で打ち切られます。

なお、年間所得の見積額が1,000万円を超える場合又は損害額が住宅や家財の価額の2分の1に達しない人は、災害減免法による所得税の徴収の猶予や還付は受けられませんが、災害による損失について雑損控除ができると見込まれるときは、雑損失の見積額の範囲内の収入金額に対する税額について徴収猶予を受けることができます。

源泉所得税の徴収猶予を受けようとする人は、災害を受けた日後、最初に給与の支払を受ける日の前日までに、勤務先を経由して徴収猶予の申請書を住所地を所轄する税務署に提出することになっています。

また、源泉所得税の還付を受けようとする人は、還付申請書に、還付を受けようとする税額が源泉徴収済である旨の勤務先の証明書を添えて、税務署に提出することになっています（災免令4①、5、6）。

（2）自由職業者の場合

　医師、弁護士、税理士、作家、外交員などの自由職業者が災害にあって災害減免法の適用を受ける場合は、その災害後に支払を受ける報酬、料金などに対する源泉所得税が徴収猶予されます。猶予の条件などは、給与所得者の場合と同じですが、すでに納付した源泉所得税の還付を受けることはできません（災免法3③、災免令8）。

（3）予定納税額のある人の場合

　予定納税額のある人が災害により損害を受けた場合は、予定納税額の減額承認申請書を税務署に提出し、その承認を受けて予定納税額を減額することができます（災免法3①）。

　災害によって予定納税額が減ると見込まれる人の減額承認の申請手続等を表にすると、次のようになります。

災害を受けた月日	減額承認の申請の態様	申請期限	軽減免除の対象税額
1月1日～6月30日	所得税法の規定による減額申請	7月15日	第1期分から
7月1日～7月31日	所得税法の規定による減額申請	11月15日	第2期分
	災害減免法の規定による減額申請	被災後2か月以内	第1期分から
8月1日～10月31日	所得税法の規定による減額申請	11月15日	第2期分
	災害減免法の規定による減額申請	被災後2か月以内	第2期分から
11月1日～12月31日	災害減免法の規定による減額申請	被災後2か月以内	第2期分

17 税金に不服があるときはどうすれば よいのか

─〔ポイント〕───

● 税務署が行った更正や決定の処分に対して不服がある人は、国税不服審判所に対し審査請求をしてその処分の取消しを求めることができます。

● 税務署が行った更正や決定の処分に対して不服がある人は、審査請求に代えて、税務署に対し再調査の請求をすることもできます。

● 再調査の請求に対する税務署の行った決定になお不服のあるときは、国税不服審判所に対し審査請求をすることができます。

● 審査請求についての裁決に対してなお不服のあるときは、裁判所に対し訴訟を提起できます。

1 審査請求

　確定申告をした所得金額などが税務署で調査した結果と異なる場合や確定申告をしなければならない人が申告書を提出しない場合は、税務署は調査した結果に基づいて所得金額や税額などを「更正」又は「決定」して納税者に通知します（188頁の**8**参照）。

　このように更正又は決定の処分の通知を受けた納税者は、その通知を受けた税金を納付しなければなりません。

しかし、税務署が行った更正や決定の処分に不服がある納税者は、国税不服審判所に対し審査請求をして、その処分の取消しを求めることができます。この場合の請求の期間は、更正等の通知を受けた日の翌日から３か月以内です（通75①、77①）。

　この審査請求があった場合には、国税不服審判所の審判官が納税者の申立てと税務署の答弁書又は証拠書類などを検討し、更に、独自の調査権に基づいて質問、検査などして審査します。国税不服審判所は、これらの審判官の議決に基づいて納税者からの審査請求を認めるかどうかを裁決します（通94〜98）。

2　再調査の請求

　税務署が行った更正や決定の処分に不服がある納税者は、上記１の審査請求に代えて、税務署に対して再調査の請求をして、その処分の取消しを求めることもできます。この場合の請求の期間は、更正等の通知を受けた日の翌日から３か月以内です（通75①、77①）。

　この請求が行われた場合には、税務署では、その請求を認めるかどうかについて再度十分な調査を行い、その結果を納税者に通知します。

　再調査の請求に対する税務署の決定になお不服のある納税者は、国税不服審判所に対し上記１の審査請求をすることができます。この審査請求は、再調査の請求に対する税務署からの決定の通知を受けた日の翌日から１か月以内に行わなければなりません。再調査の請求後３か月を経過しても決定がない場合には、決定を待たずに審査請求をすることができます（通75③④、77②）。

3 訴 訟

　審査請求についての裁決に対してなお不服のあるときは、その裁決の
あったことを知った日の翌日から6か月以内に裁判所に訴訟を提起する
ことができます。

付表　簡易給与所得表

○この表は、給与等の収入金額の合計額に対する給与所得の金額を求めるためのものです。

○「給与等の収入金額の合計額」が660万円未満の人は、その金額をこの表の「給与等の金額」欄に当てはめ、その当てはまる行の右側の「給与所得控除後の給与等の金額」欄に記載されている金額が求める給与所得の金額です。

○「給与等の収入金額の合計額」が660万円以上の人は、660万円以上、850万円以上の別に、この簡易給与所得表の末尾（214頁）にある算式等によって計算してください。

(一)

給与等の金額		給与所得控除後の給与等の金額	給与等の金額		給与所得控除後の給与等の金額	給与等の金額		給与所得控除後の給与等の金額
以上	未満		以上	未満		以上	未満	
円	円	円	円	円	円	円	円	円
551,000円未満		0	1,772,000	1,776,000	1,163,200	1,972,000	1,976,000	1,300,400
			1,776,000	1,780,000	1,165,600	1,976,000	1,980,000	1,303,200
			1,780,000	1,784,000	1,168,000	1,980,000	1,984,000	1,306,000
			1,784,000	1,788,000	1,170,400	1,984,000	1,988,000	1,308,800
			1,788,000	1,792,000	1,172,800	1,988,000	1,992,000	1,311,600
551,000	1,619,000	給与等の金額から 550,000 円を控除した金額	1,792,000	1,796,000	1,175,200	1,992,000	1,996,000	1,314,400
			1,796,000	1,800,000	1,177,600	1,996,000	2,000,000	1,317,200
			1,800,000	1,804,000	1,180,000	2,000,000	2,004,000	1,320,000
			1,804,000	1,808,000	1,182,800	2,004,000	2,008,000	1,322,800
			1,808,000	1,812,000	1,185,600	2,008,000	2,012,000	1,325,600
1,619,000	1,620,000	1,069,000	1,812,000	1,816,000	1,188,400	2,012,000	2,016,000	1,328,400
1,620,000	1,622,000	1,070,000	1,816,000	1,820,000	1,191,200	2,016,000	2,020,000	1,331,200
1,622,000	1,624,000	1,072,000	1,820,000	1,824,000	1,194,000	2,020,000	2,024,000	1,334,000
1,624,000	1,628,000	1,074,000	1,824,000	1,828,000	1,196,800	2,024,000	2,028,000	1,336,800
1,628,000	1,632,000	1,076,800	1,828,000	1,832,000	1,199,600	2,028,000	2,032,000	1,339,600
1,632,000	1,636,000	1,079,200	1,832,000	1,836,000	1,202,400	2,032,000	2,036,000	1,342,400
1,636,000	1,640,000	1,081,600	1,836,000	1,840,000	1,205,200	2,036,000	2,040,000	1,345,200
1,640,000	1,644,000	1,084,000	1,840,000	1,844,000	1,208,000	2,040,000	2,044,000	1,348,000
1,644,000	1,648,000	1,086,400	1,844,000	1,848,000	1,210,800	2,044,000	2,048,000	1,350,800
1,648,000	1,652,000	1,088,800	1,848,000	1,852,000	1,213,600	2,048,000	2,052,000	1,353,600
1,652,000	1,656,000	1,091,200	1,852,000	1,856,000	1,216,400	2,052,000	2,056,000	1,356,400
1,656,000	1,660,000	1,093,600	1,856,000	1,860,000	1,219,200	2,056,000	2,060,000	1,359,200
1,660,000	1,664,000	1,096,000	1,860,000	1,864,000	1,222,000	2,060,000	2,064,000	1,362,000
1,664,000	1,668,000	1,098,400	1,864,000	1,868,000	1,224,800	2,064,000	2,068,000	1,364,800
1,668,000	1,672,000	1,100,800	1,868,000	1,872,000	1,227,600	2,068,000	2,072,000	1,367,600
1,672,000	1,676,000	1,103,200	1,872,000	1,876,000	1,230,400	2,072,000	2,076,000	1,370,400
1,676,000	1,680,000	1,105,600	1,876,000	1,880,000	1,233,200	2,076,000	2,080,000	1,373,200
1,680,000	1,684,000	1,108,000	1,880,000	1,884,000	1,236,000	2,080,000	2,084,000	1,376,000
1,684,000	1,688,000	1,110,400	1,884,000	1,888,000	1,238,800	2,084,000	2,088,000	1,378,800
1,688,000	1,692,000	1,112,800	1,888,000	1,892,000	1,241,600	2,088,000	2,092,000	1,381,600
1,692,000	1,696,000	1,115,200	1,892,000	1,896,000	1,244,400	2,092,000	2,096,000	1,384,400
1,696,000	1,700,000	1,117,600	1,896,000	1,900,000	1,247,200	2,096,000	2,100,000	1,387,200
1,700,000	1,704,000	1,120,000	1,900,000	1,904,000	1,250,000	2,100,000	2,104,000	1,390,000
1,704,000	1,708,000	1,122,400	1,904,000	1,908,000	1,252,800	2,104,000	2,108,000	1,392,800
1,708,000	1,712,000	1,124,800	1,908,000	1,912,000	1,255,600	2,108,000	2,112,000	1,395,600
1,712,000	1,716,000	1,127,200	1,912,000	1,916,000	1,258,400	2,112,000	2,116,000	1,398,400
1,716,000	1,720,000	1,129,600	1,916,000	1,920,000	1,261,200	2,116,000	2,120,000	1,401,200
1,720,000	1,724,000	1,132,000	1,920,000	1,924,000	1,264,000	2,120,000	2,124,000	1,404,000
1,724,000	1,728,000	1,134,400	1,924,000	1,928,000	1,266,800	2,124,000	2,128,000	1,406,800
1,728,000	1,732,000	1,136,800	1,928,000	1,932,000	1,269,600	2,128,000	2,132,000	1,409,600
1,732,000	1,736,000	1,139,200	1,932,000	1,936,000	1,272,400	2,132,000	2,136,000	1,412,400
1,736,000	1,740,000	1,141,600	1,936,000	1,940,000	1,275,200	2,136,000	2,140,000	1,415,200
1,740,000	1,744,000	1,144,000	1,940,000	1,944,000	1,278,000	2,140,000	2,144,000	1,418,000
1,744,000	1,748,000	1,146,400	1,944,000	1,948,000	1,280,800	2,144,000	2,148,000	1,420,800
1,748,000	1,752,000	1,148,800	1,948,000	1,952,000	1,283,600	2,148,000	2,152,000	1,423,600
1,752,000	1,756,000	1,151,200	1,952,000	1,956,000	1,286,400	2,152,000	2,156,000	1,426,400
1,756,000	1,760,000	1,153,600	1,956,000	1,960,000	1,289,200	2,156,000	2,160,000	1,429,200
1,760,000	1,764,000	1,156,000	1,960,000	1,964,000	1,292,000	2,160,000	2,164,000	1,432,000
1,764,000	1,768,000	1,158,400	1,964,000	1,968,000	1,294,800	2,164,000	2,168,000	1,434,800
1,768,000	1,772,000	1,160,800	1,968,000	1,972,000	1,297,600	2,168,000	2,172,000	1,437,600

(二)

給与等の金額 以上	未満	給与所得控除後の給与等の金額	給与等の金額 以上	未満	給与所得控除後の給与等の金額	給与等の金額 以上	未満	給与所得控除後の給与等の金額
円	円	円	円	円	円	円	円	円
2,172,000	2,176,000	1,440,400	2,372,000	2,376,000	1,580,400	2,572,000	2,576,000	1,720,400
2,176,000	2,180,000	1,443,200	2,376,000	2,380,000	1,583,200	2,576,000	2,580,000	1,723,200
2,180,000	2,184,000	1,446,000	2,380,000	2,384,000	1,586,000	2,580,000	2,584,000	1,726,000
2,184,000	2,188,000	1,448,800	2,384,000	2,388,000	1,588,800	2,584,000	2,588,000	1,728,800
2,188,000	2,192,000	1,451,600	2,388,000	2,392,000	1,591,600	2,588,000	2,592,000	1,731,600
2,192,000	2,196,000	1,454,400	2,392,000	2,396,000	1,594,400	2,592,000	2,596,000	1,734,400
2,196,000	2,200,000	1,457,200	2,396,000	2,400,000	1,597,200	2,596,000	2,600,000	1,737,200
2,200,000	2,204,000	1,460,000	2,400,000	2,404,000	1,600,000	2,600,000	2,604,000	1,740,000
2,204,000	2,208,000	1,462,800	2,404,000	2,408,000	1,602,800	2,604,000	2,608,000	1,742,800
2,208,000	2,212,000	1,465,600	2,408,000	2,412,000	1,605,600	2,608,000	2,612,000	1,745,600
2,212,000	2,216,000	1,468,400	2,412,000	2,416,000	1,608,400	2,612,000	2,616,000	1,748,400
2,216,000	2,220,000	1,471,200	2,416,000	2,420,000	1,611,200	2,616,000	2,620,000	1,751,200
2,220,000	2,224,000	1,474,000	2,420,000	2,424,000	1,614,000	2,620,000	2,624,000	1,754,000
2,224,000	2,228,000	1,476,800	2,424,000	2,428,000	1,616,800	2,624,000	2,628,000	1,756,800
2,228,000	2,232,000	1,479,600	2,428,000	2,432,000	1,619,600	2,628,000	2,632,000	1,759,600
2,232,000	2,236,000	1,482,400	2,432,000	2,436,000	1,622,400	2,632,000	2,636,000	1,762,400
2,236,000	2,240,000	1,485,200	2,436,000	2,440,000	1,625,200	2,636,000	2,640,000	1,765,200
2,240,000	2,244,000	1,488,000	2,440,000	2,444,000	1,628,000	2,640,000	2,644,000	1,768,000
2,244,000	2,248,000	1,490,800	2,444,000	2,448,000	1,630,800	2,644,000	2,648,000	1,770,800
2,248,000	2,252,000	1,493,600	2,448,000	2,452,000	1,633,600	2,648,000	2,652,000	1,773,600
2,252,000	2,256,000	1,496,400	2,452,000	2,456,000	1,636,400	2,652,000	2,656,000	1,776,400
2,256,000	2,260,000	1,499,200	2,456,000	2,460,000	1,639,200	2,656,000	2,660,000	1,779,200
2,260,000	2,264,000	1,502,000	2,460,000	2,464,000	1,642,000	2,660,000	2,664,000	1,782,000
2,264,000	2,268,000	1,504,800	2,464,000	2,468,000	1,644,800	2,664,000	2,668,000	1,784,800
2,268,000	2,272,000	1,507,600	2,468,000	2,472,000	1,647,600	2,668,000	2,672,000	1,787,600
2,272,000	2,276,000	1,510,400	2,472,000	2,476,000	1,650,400	2,672,000	2,676,000	1,790,400
2,276,000	2,280,000	1,513,200	2,476,000	2,480,000	1,653,200	2,676,000	2,680,000	1,793,200
2,280,000	2,284,000	1,516,000	2,480,000	2,484,000	1,656,000	2,680,000	2,684,000	1,796,000
2,284,000	2,288,000	1,518,800	2,484,000	2,488,000	1,658,800	2,684,000	2,688,000	1,798,800
2,288,000	2,292,000	1,521,600	2,488,000	2,492,000	1,661,600	2,688,000	2,692,000	1,801,600
2,292,000	2,296,000	1,524,400	2,492,000	2,496,000	1,664,400	2,692,000	2,696,000	1,804,400
2,296,000	2,300,000	1,527,200	2,496,000	2,500,000	1,667,200	2,696,000	2,700,000	1,807,200
2,300,000	2,304,000	1,530,000	2,500,000	2,504,000	1,670,000	2,700,000	2,704,000	1,810,000
2,304,000	2,308,000	1,532,800	2,504,000	2,508,000	1,672,800	2,704,000	2,708,000	1,812,800
2,308,000	2,312,000	1,535,600	2,508,000	2,512,000	1,675,600	2,708,000	2,712,000	1,815,600
2,312,000	2,316,000	1,538,400	2,512,000	2,516,000	1,678,400	2,712,000	2,716,000	1,818,400
2,316,000	2,320,000	1,541,200	2,516,000	2,520,000	1,681,200	2,716,000	2,720,000	1,821,200
2,320,000	2,324,000	1,544,000	2,520,000	2,524,000	1,684,000	2,720,000	2,724,000	1,824,000
2,324,000	2,328,000	1,546,800	2,524,000	2,528,000	1,686,800	2,724,000	2,728,000	1,826,800
2,328,000	2,332,000	1,549,600	2,528,000	2,532,000	1,689,600	2,728,000	2,732,000	1,829,600
2,332,000	2,336,000	1,552,400	2,532,000	2,536,000	1,692,400	2,732,000	2,736,000	1,832,400
2,336,000	2,340,000	1,555,200	2,536,000	2,540,000	1,695,200	2,736,000	2,740,000	1,835,200
2,340,000	2,344,000	1,558,000	2,540,000	2,544,000	1,698,000	2,740,000	2,744,000	1,838,000
2,344,000	2,348,000	1,560,800	2,544,000	2,548,000	1,700,800	2,744,000	2,748,000	1,840,800
2,348,000	2,352,000	1,563,600	2,548,000	2,552,000	1,703,600	2,748,000	2,752,000	1,843,600
2,352,000	2,356,000	1,566,400	2,552,000	2,556,000	1,706,400	2,752,000	2,756,000	1,846,400
2,356,000	2,360,000	1,569,200	2,556,000	2,560,000	1,709,200	2,756,000	2,760,000	1,849,200
2,360,000	2,364,000	1,572,000	2,560,000	2,564,000	1,712,000	2,760,000	2,764,000	1,852,000
2,364,000	2,368,000	1,574,800	2,564,000	2,568,000	1,714,800	2,764,000	2,768,000	1,854,800
2,368,000	2,372,000	1,577,600	2,568,000	2,572,000	1,717,600	2,768,000	2,772,000	1,857,600

（三）

給与等の金額		給与所得控除後の給与等の金額	給与等の金額		給与所得控除後の給与等の金額	給与等の金額		給与所得控除後の給与等の金額
以 上	未 満		以 上	未 満		以 上	未 満	
円	円	円	円	円	円	円	円	円
2,772,000	2,776,000	1,860,400	2,972,000	2,976,000	2,000,400	3,172,000	3,176,000	2,140,400
2,776,000	2,780,000	1,863,200	2,976,000	2,980,000	2,003,200	3,176,000	3,180,000	2,143,200
2,780,000	2,784,000	1,866,000	2,980,000	2,984,000	2,006,000	3,180,000	3,184,000	2,146,000
2,784,000	2,788,000	1,868,800	2,984,000	2,988,000	2,008,800	3,184,000	3,188,000	2,148,800
2,788,000	2,792,000	1,871,600	2,988,000	2,992,000	2,011,600	3,188,000	3,192,000	2,151,600
2,792,000	2,796,000	1,874,400	2,992,000	2,996,000	2,014,400	3,192,000	3,196,000	2,154,400
2,796,000	2,800,000	1,877,200	2,996,000	3,000,000	2,017,200	3,196,000	3,200,000	2,157,200
2,800,000	2,804,000	1,880,000	3,000,000	3,004,000	2,020,000	3,200,000	3,204,000	2,160,000
2,804,000	2,808,000	1,882,800	3,004,000	3,008,000	2,022,800	3,204,000	3,208,000	2,162,800
2,808,000	2,812,000	1,885,600	3,008,000	3,012,000	2,025,600	3,208,000	3,212,000	2,165,600
2,812,000	2,816,000	1,888,400	3,012,000	3,016,000	2,028,400	3,212,000	3,216,000	2,168,400
2,816,000	2,820,000	1,891,200	3,016,000	3,020,000	2,031,200	3,216,000	3,220,000	2,171,200
2,820,000	2,824,000	1,894,000	3,020,000	3,024,000	2,034,000	3,220,000	3,224,000	2,174,000
2,824,000	2,828,000	1,896,800	3,024,000	3,028,000	2,036,800	3,224,000	3,228,000	2,176,800
2,828,000	2,832,000	1,899,600	3,028,000	3,032,000	2,039,600	3,228,000	3,232,000	2,179,600
2,832,000	2,836,000	1,902,400	3,032,000	3,036,000	2,042,400	3,232,000	3,236,000	2,182,400
2,836,000	2,840,000	1,905,200	3,036,000	3,040,000	2,045,200	3,236,000	3,240,000	2,185,200
2,840,000	2,844,000	1,908,000	3,040,000	3,044,000	2,048,000	3,240,000	3,244,000	2,188,000
2,844,000	2,848,000	1,910,800	3,044,000	3,048,000	2,050,800	3,244,000	3,248,000	2,190,800
2,848,000	2,852,000	1,913,600	3,048,000	3,052,000	2,053,600	3,248,000	3,252,000	2,193,600
2,852,000	2,856,000	1,916,400	3,052,000	3,056,000	2,056,400	3,252,000	3,256,000	2,196,400
2,856,000	2,860,000	1,919,200	3,056,000	3,060,000	2,059,200	3,256,000	3,260,000	2,199,200
2,860,000	2,864,000	1,922,000	3,060,000	3,064,000	2,062,000	3,260,000	3,264,000	2,202,000
2,864,000	2,868,000	1,924,800	3,064,000	3,068,000	2,064,800	3,264,000	3,268,000	2,204,800
2,868,000	2,872,000	1,927,600	3,068,000	3,072,000	2,067,600	3,268,000	3,272,000	2,207,600
2,872,000	2,876,000	1,930,400	3,072,000	3,076,000	2,070,400	3,272,000	3,276,000	2,210,400
2,876,000	2,880,000	1,933,200	3,076,000	3,080,000	2,073,200	3,276,000	3,280,000	2,213,200
2,880,000	2,884,000	1,936,000	3,080,000	3,084,000	2,076,000	3,280,000	3,284,000	2,216,000
2,884,000	2,888,000	1,938,800	3,084,000	3,088,000	2,078,800	3,284,000	3,288,000	2,218,800
2,888,000	2,892,000	1,941,600	3,088,000	3,092,000	2,081,600	3,288,000	3,292,000	2,221,600
2,892,000	2,896,000	1,944,400	3,092,000	3,096,000	2,084,400	3,292,000	3,296,000	2,224,400
2,896,000	2,900,000	1,947,200	3,096,000	3,100,000	2,087,200	3,296,000	3,300,000	2,227,200
2,900,000	2,904,000	1,950,000	3,100,000	3,104,000	2,090,000	3,300,000	3,304,000	2,230,000
2,904,000	2,908,000	1,952,800	3,104,000	3,108,000	2,092,800	3,304,000	3,308,000	2,232,800
2,908,000	2,912,000	1,955,600	3,108,000	3,112,000	2,095,600	3,308,000	3,312,000	2,235,600
2,912,000	2,916,000	1,958,400	3,112,000	3,116,000	2,098,400	3,312,000	3,316,000	2,238,400
2,916,000	2,920,000	1,961,200	3,116,000	3,120,000	2,101,200	3,316,000	3,320,000	2,241,200
2,920,000	2,924,000	1,964,000	3,120,000	3,124,000	2,104,000	3,320,000	3,324,000	2,244,000
2,924,000	2,928,000	1,966,800	3,124,000	3,128,000	2,106,800	3,324,000	3,328,000	2,246,800
2,928,000	2,932,000	1,969,600	3,128,000	3,132,000	2,109,600	3,328,000	3,332,000	2,249,600
2,932,000	2,936,000	1,972,400	3,132,000	3,136,000	2,112,400	3,332,000	3,336,000	2,252,400
2,936,000	2,940,000	1,975,200	3,136,000	3,140,000	2,115,200	3,336,000	3,340,000	2,255,200
2,940,000	2,944,000	1,978,000	3,140,000	3,144,000	2,118,000	3,340,000	3,344,000	2,258,000
2,944,000	2,948,000	1,980,800	3,144,000	3,148,000	2,120,800	3,344,000	3,348,000	2,260,800
2,948,000	2,952,000	1,983,600	3,148,000	3,152,000	2,123,600	3,348,000	3,352,000	2,263,600
2,952,000	2,956,000	1,986,400	3,152,000	3,156,000	2,126,400	3,352,000	3,356,000	2,266,400
2,956,000	2,960,000	1,989,200	3,156,000	3,160,000	2,129,200	3,356,000	3,360,000	2,269,200
2,960,000	2,964,000	1,992,000	3,160,000	3,164,000	2,132,000	3,360,000	3,364,000	2,272,000
2,964,000	2,968,000	1,994,800	3,164,000	3,168,000	2,134,800	3,364,000	3,368,000	2,274,800
2,968,000	2,972,000	1,997,600	3,168,000	3,172,000	2,137,600	3,368,000	3,372,000	2,277,600

(四)

給与等の金額 以上	未満	給与所得控除後の給与等の金額	給与等の金額 以上	未満	給与所得控除後の給与等の金額	給与等の金額 以上	未満	給与所得控除後の給与等の金額
円	円	円	円	円	円	円	円	円
3,372,000	3,376,000	2,280,400	3,572,000	3,576,000	2,420,400	3,772,000	3,776,000	2,577,600
3,376,000	3,380,000	2,283,200	3,576,000	3,580,000	2,423,200	3,776,000	3,780,000	2,580,800
3,380,000	3,384,000	2,286,000	3,580,000	3,584,000	2,426,000	3,780,000	3,784,000	2,584,000
3,384,000	3,388,000	2,288,800	3,584,000	3,588,000	2,428,800	3,784,000	3,788,000	2,587,200
3,388,000	3,392,000	2,291,600	3,588,000	3,592,000	2,431,600	3,788,000	3,792,000	2,590,400
3,392,000	3,396,000	2,294,400	3,592,000	3,596,000	2,434,400	3,792,000	3,796,000	2,593,600
3,396,000	3,400,000	2,297,200	3,596,000	3,600,000	2,437,200	3,796,000	3,800,000	2,596,800
3,400,000	3,404,000	2,300,000	3,600,000	3,604,000	2,440,000	3,800,000	3,804,000	2,600,000
3,404,000	3,408,000	2,302,800	3,604,000	3,608,000	2,443,200	3,804,000	3,808,000	2,603,200
3,408,000	3,412,000	2,305,600	3,608,000	3,612,000	2,446,400	3,808,000	3,812,000	2,606,400
3,412,000	3,416,000	2,308,400	3,612,000	3,616,000	2,449,600	3,812,000	3,816,000	2,609,600
3,416,000	3,420,000	2,311,200	3,616,000	3,620,000	2,452,800	3,816,000	3,820,000	2,612,800
3,420,000	3,424,000	2,314,000	3,620,000	3,624,000	2,456,000	3,820,000	3,824,000	2,616,000
3,424,000	3,428,000	2,316,800	3,624,000	3,628,000	2,459,200	3,824,000	3,828,000	2,619,200
3,428,000	3,432,000	2,319,600	3,628,000	3,632,000	2,462,400	3,828,000	3,832,000	2,622,400
3,432,000	3,436,000	2,322,400	3,632,000	3,636,000	2,465,600	3,832,000	3,836,000	2,625,600
3,436,000	3,440,000	2,325,200	3,636,000	3,640,000	2,468,800	3,836,000	3,840,000	2,628,800
3,440,000	3,444,000	2,328,000	3,640,000	3,644,000	2,472,000	3,840,000	3,844,000	2,632,000
3,444,000	3,448,000	2,330,800	3,644,000	3,648,000	2,475,200	3,844,000	3,848,000	2,635,200
3,448,000	3,452,000	2,333,600	3,648,000	3,652,000	2,478,400	3,848,000	3,852,000	2,638,400
3,452,000	3,456,000	2,336,400	3,652,000	3,656,000	2,481,600	3,852,000	3,856,000	2,641,600
3,456,000	3,460,000	2,339,200	3,656,000	3,660,000	2,484,800	3,856,000	3,860,000	2,644,800
3,460,000	3,464,000	2,342,000	3,660,000	3,664,000	2,488,000	3,860,000	3,864,000	2,648,000
3,464,000	3,468,000	2,344,800	3,664,000	3,668,000	2,491,200	3,864,000	3,868,000	2,651,200
3,468,000	3,472,000	2,347,600	3,668,000	3,672,000	2,494,400	3,868,000	3,872,000	2,654,400
3,472,000	3,476,000	2,350,400	3,672,000	3,676,000	2,497,600	3,872,000	3,876,000	2,657,600
3,476,000	3,480,000	2,353,200	3,676,000	3,680,000	2,500,800	3,876,000	3,880,000	2,660,800
3,480,000	3,484,000	2,356,000	3,680,000	3,684,000	2,504,000	3,880,000	3,884,000	2,664,000
3,484,000	3,488,000	2,358,800	3,684,000	3,688,000	2,507,200	3,884,000	3,888,000	2,667,200
3,488,000	3,492,000	2,361,600	3,688,000	3,692,000	2,510,400	3,888,000	3,892,000	2,670,400
3,492,000	3,496,000	2,364,400	3,692,000	3,696,000	2,513,600	3,892,000	3,896,000	2,673,600
3,496,000	3,500,000	2,367,200	3,696,000	3,700,000	2,516,800	3,896,000	3,900,000	2,676,800
3,500,000	3,504,000	2,370,000	3,700,000	3,704,000	2,520,000	3,900,000	3,904,000	2,680,000
3,504,000	3,508,000	2,372,800	3,704,000	3,708,000	2,523,200	3,904,000	3,908,000	2,683,200
3,508,000	3,512,000	2,375,600	3,708,000	3,712,000	2,526,400	3,908,000	3,912,000	2,686,400
3,512,000	3,516,000	2,378,400	3,712,000	3,716,000	2,529,600	3,912,000	3,916,000	2,689,600
3,516,000	3,520,000	2,381,200	3,716,000	3,720,000	2,532,800	3,916,000	3,920,000	2,692,800
3,520,000	3,524,000	2,384,000	3,720,000	3,724,000	2,536,000	3,920,000	3,924,000	2,696,000
3,524,000	3,528,000	2,386,800	3,724,000	3,728,000	2,539,200	3,924,000	3,928,000	2,699,200
3,528,000	3,532,000	2,389,600	3,728,000	3,732,000	2,542,400	3,928,000	3,932,000	2,702,400
3,532,000	3,536,000	2,392,400	3,732,000	3,736,000	2,545,600	3,932,000	3,936,000	2,705,600
3,536,000	3,540,000	2,395,200	3,736,000	3,740,000	2,548,800	3,936,000	3,940,000	2,708,800
3,540,000	3,544,000	2,398,000	3,740,000	3,744,000	2,552,000	3,940,000	3,944,000	2,712,000
3,544,000	3,548,000	2,400,800	3,744,000	3,748,000	2,555,200	3,944,000	3,948,000	2,715,200
3,548,000	3,552,000	2,403,600	3,748,000	3,752,000	2,558,400	3,948,000	3,952,000	2,718,400
3,552,000	3,556,000	2,406,400	3,752,000	3,756,000	2,561,600	3,952,000	3,956,000	2,721,600
3,556,000	3,560,000	2,409,200	3,756,000	3,760,000	2,564,800	3,956,000	3,960,000	2,724,800
3,560,000	3,564,000	2,412,000	3,760,000	3,764,000	2,568,000	3,960,000	3,964,000	2,728,000
3,564,000	3,568,000	2,414,800	3,764,000	3,768,000	2,571,200	3,964,000	3,968,000	2,731,200
3,568,000	3,572,000	2,417,600	3,768,000	3,772,000	2,574,400	3,968,000	3,972,000	2,734,400

給与等の金額		給与所得控除後の給与等の金額	給与等の金額		給与所得控除後の給与等の金額	給与等の金額		給与所得控除後の給与等の金額
以 上	未 満		以 上	未 満		以 上	未 満	
円	円	円	円	円	円	円	円	円
3,972,000	3,976,000	2,737,600	4,172,000	4,176,000	2,897,600	4,372,000	4,376,000	3,057,600
3,976,000	3,980,000	2,740,800	4,176,000	4,180,000	2,900,800	4,376,000	4,380,000	3,060,800
3,980,000	3,984,000	2,744,000	4,180,000	4,184,000	2,904,000	4,380,000	4,384,000	3,064,000
3,984,000	3,988,000	2,747,200	4,184,000	4,188,000	2,907,200	4,384,000	4,388,000	3,067,200
3,988,000	3,992,000	2,750,400	4,188,000	4,192,000	2,910,400	4,388,000	4,392,000	3,070,400
3,992,000	3,996,000	2,753,600	4,192,000	4,196,000	2,913,600	4,392,000	4,396,000	3,073,600
3,996,000	4,000,000	2,756,800	4,196,000	4,200,000	2,916,800	4,396,000	4,400,000	3,076,800
4,000,000	4,004,000	2,760,000	4,200,000	4,204,000	2,920,000	4,400,000	4,404,000	3,080,000
4,004,000	4,008,000	2,763,200	4,204,000	4,208,000	2,923,200	4,404,000	4,408,000	3,083,200
4,008,000	4,012,000	2,766,400	4,208,000	4,212,000	2,926,400	4,408,000	4,412,000	3,086,400
4,012,000	4,016,000	2,769,600	4,212,000	4,216,000	2,929,600	4,412,000	4,416,000	3,089,600
4,016,000	4,020,000	2,772,800	4,216,000	4,220,000	2,932,800	4,416,000	4,420,000	3,092,800
4,020,000	4,024,000	2,776,000	4,220,000	4,224,000	2,936,000	4,420,000	4,424,000	3,096,000
4,024,000	4,028,000	2,779,200	4,224,000	4,228,000	2,939,200	4,424,000	4,428,000	3,099,200
4,028,000	4,032,000	2,782,400	4,228,000	4,232,000	2,942,400	4,428,000	4,432,000	3,102,400
4,032,000	4,036,000	2,785,600	4,232,000	4,236,000	2,945,600	4,432,000	4,436,000	3,105,600
4,036,000	4,040,000	2,788,800	4,236,000	4,240,000	2,948,800	4,436,000	4,440,000	3,108,800
4,040,000	4,044,000	2,792,000	4,240,000	4,244,000	2,952,000	4,440,000	4,444,000	3,112,000
4,044,000	4,048,000	2,795,200	4,244,000	4,248,000	2,955,200	4,444,000	4,448,000	3,115,200
4,048,000	4,052,000	2,798,400	4,248,000	4,252,000	2,958,400	4,448,000	4,452,000	3,118,400
4,052,000	4,056,000	2,801,600	4,252,000	4,256,000	2,961,600	4,452,000	4,456,000	3,121,600
4,056,000	4,060,000	2,804,800	4,256,000	4,260,000	2,964,800	4,456,000	4,460,000	3,124,800
4,060,000	4,064,000	2,808,000	4,260,000	4,264,000	2,968,000	4,460,000	4,464,000	3,128,000
4,064,000	4,068,000	2,811,200	4,264,000	4,268,000	2,971,200	4,464,000	4,468,000	3,131,200
4,068,000	4,072,000	2,814,400	4,268,000	4,272,000	2,974,400	4,468,000	4,472,000	3,134,400
4,072,000	4,076,000	2,817,600	4,272,000	4,276,000	2,977,600	4,472,000	4,476,000	3,137,600
4,076,000	4,080,000	2,820,800	4,276,000	4,280,000	2,980,800	4,476,000	4,480,000	3,140,800
4,080,000	4,084,000	2,824,000	4,280,000	4,284,000	2,984,000	4,480,000	4,484,000	3,144,000
4,084,000	4,088,000	2,827,200	4,284,000	4,288,000	2,987,200	4,484,000	4,488,000	3,147,200
4,088,000	4,092,000	2,830,400	4,288,000	4,292,000	2,990,400	4,488,000	4,492,000	3,150,400
4,092,000	4,096,000	2,833,600	4,292,000	4,296,000	2,993,600	4,492,000	4,496,000	3,153,600
4,096,000	4,100,000	2,836,800	4,296,000	4,300,000	2,996,800	4,496,000	4,500,000	3,156,800
4,100,000	4,104,000	2,840,000	4,300,000	4,304,000	3,000,000	4,500,000	4,504,000	3,160,000
4,104,000	4,108,000	2,843,200	4,304,000	4,308,000	3,003,200	4,504,000	4,508,000	3,163,200
4,108,000	4,112,000	2,846,400	4,308,000	4,312,000	3,006,400	4,508,000	4,512,000	3,166,400
4,112,000	4,116,000	2,849,600	4,312,000	4,316,000	3,009,600	4,512,000	4,516,000	3,169,600
4,116,000	4,120,000	2,852,800	4,316,000	4,320,000	3,012,800	4,516,000	4,520,000	3,172,800
4,120,000	4,124,000	2,856,000	4,320,000	4,324,000	3,016,000	4,520,000	4,524,000	3,176,000
4,124,000	4,128,000	2,859,200	4,324,000	4,328,000	3,019,200	4,524,000	4,528,000	3,179,200
4,128,000	4,132,000	2,862,400	4,328,000	4,332,000	3,022,400	4,528,000	4,532,000	3,182,400
4,132,000	4,136,000	2,865,600	4,332,000	4,336,000	3,025,600	4,532,000	4,536,000	3,185,600
4,136,000	4,140,000	2,868,800	4,336,000	4,340,000	3,028,800	4,536,000	4,540,000	3,188,800
4,140,000	4,144,000	2,872,000	4,340,000	4,344,000	3,032,000	4,540,000	4,544,000	3,192,000
4,144,000	4,148,000	2,875,200	4,344,000	4,348,000	3,035,200	4,544,000	4,548,000	3,195,200
4,148,000	4,152,000	2,878,400	4,348,000	4,352,000	3,038,400	4,548,000	4,552,000	3,198,400
4,152,000	4,156,000	2,881,600	4,352,000	4,356,000	3,041,600	4,552,000	4,556,000	3,201,600
4,156,000	4,160,000	2,884,800	4,356,000	4,360,000	3,044,800	4,556,000	4,560,000	3,204,800
4,160,000	4,164,000	2,888,000	4,360,000	4,364,000	3,048,000	4,560,000	4,564,000	3,208,000
4,164,000	4,168,000	2,891,200	4,364,000	4,368,000	3,051,200	4,564,000	4,568,000	3,211,200
4,168,000	4,172,000	2,894,400	4,368,000	4,372,000	3,054,400	4,568,000	4,572,000	3,214,400

（六）

給与等の金額 以上	給与等の金額 未満	給与所得控除後の給与等の金額	給与等の金額 以上	給与等の金額 未満	給与所得控除後の給与等の金額	給与等の金額 以上	給与等の金額 未満	給与所得控除後の給与等の金額
円 4,572,000	円 4,576,000	円 3,217,600	円 4,772,000	円 4,776,000	円 3,377,600	円 4,972,000	円 4,976,000	円 3,537,600
4,576,000	4,580,000	3,220,800	4,776,000	4,780,000	3,380,800	4,976,000	4,980,000	3,540,800
4,580,000	4,584,000	3,224,000	4,780,000	4,784,000	3,384,000	4,980,000	4,984,000	3,544,000
4,584,000	4,588,000	3,227,200	4,784,000	4,788,000	3,387,200	4,984,000	4,988,000	3,547,200
4,588,000	4,592,000	3,230,400	4,788,000	4,792,000	3,390,400	4,988,000	4,992,000	3,550,400
4,592,000	4,596,000	3,233,600	4,792,000	4,796,000	3,393,600	4,992,000	4,996,000	3,553,600
4,596,000	4,600,000	3,236,800	4,796,000	4,800,000	3,396,800	4,996,000	5,000,000	3,556,800
4,600,000	4,604,000	3,240,000	4,800,000	4,804,000	3,400,000	5,000,000	5,004,000	3,560,000
4,604,000	4,608,000	3,243,200	4,804,000	4,808,000	3,403,200	5,004,000	5,008,000	3,563,200
4,608,000	4,612,000	3,246,400	4,808,000	4,812,000	3,406,400	5,008,000	5,012,000	3,566,400
4,612,000	4,616,000	3,249,600	4,812,000	4,816,000	3,409,600	5,012,000	5,016,000	3,569,600
4,616,000	4,620,000	3,252,800	4,816,000	4,820,000	3,412,800	5,016,000	5,020,000	3,572,800
4,620,000	4,624,000	3,256,000	4,820,000	4,824,000	3,416,000	5,020,000	5,024,000	3,576,000
4,624,000	4,628,000	3,259,200	4,824,000	4,828,000	3,419,200	5,024,000	5,028,000	3,579,200
4,628,000	4,632,000	3,262,400	4,828,000	4,832,000	3,422,400	5,028,000	5,032,000	3,582,400
4,632,000	4,636,000	3,265,600	4,832,000	4,836,000	3,425,600	5,032,000	5,036,000	3,585,600
4,636,000	4,640,000	3,268,800	4,836,000	4,840,000	3,428,800	5,036,000	5,040,000	3,588,800
4,640,000	4,644,000	3,272,000	4,840,000	4,844,000	3,432,000	5,040,000	5,044,000	3,592,000
4,644,000	4,648,000	3,275,200	4,844,000	4,848,000	3,435,200	5,044,000	5,048,000	3,595,200
4,648,000	4,652,000	3,278,400	4,848,000	4,852,000	3,438,400	5,048,000	5,052,000	3,598,400
4,652,000	4,656,000	3,281,600	4,852,000	4,856,000	3,441,600	5,052,000	5,056,000	3,601,600
4,656,000	4,660,000	3,284,800	4,856,000	4,860,000	3,444,800	5,056,000	5,060,000	3,604,800
4,660,000	4,664,000	3,288,000	4,860,000	4,864,000	3,448,000	5,060,000	5,064,000	3,608,000
4,664,000	4,668,000	3,291,200	4,864,000	4,868,000	3,451,200	5,064,000	5,068,000	3,611,200
4,668,000	4,672,000	3,294,400	4,868,000	4,872,000	3,454,400	5,068,000	5,072,000	3,614,400
4,672,000	4,676,000	3,297,600	4,872,000	4,876,000	3,457,600	5,072,000	5,076,000	3,617,600
4,676,000	4,680,000	3,300,800	4,876,000	4,880,000	3,460,800	5,076,000	5,080,000	3,620,800
4,680,000	4,684,000	3,304,000	4,880,000	4,884,000	3,464,000	5,080,000	5,084,000	3,624,000
4,684,000	4,688,000	3,307,200	4,884,000	4,888,000	3,467,200	5,084,000	5,088,000	3,627,200
4,688,000	4,692,000	3,310,400	4,888,000	4,892,000	3,470,400	5,088,000	5,092,000	3,630,400
4,692,000	4,696,000	3,313,600	4,892,000	4,896,000	3,473,600	5,092,000	5,096,000	3,633,600
4,696,000	4,700,000	3,316,800	4,896,000	4,900,000	3,476,800	5,096,000	5,100,000	3,636,800
4,700,000	4,704,000	3,320,000	4,900,000	4,904,000	3,480,000	5,100,000	5,104,000	3,640,000
4,704,000	4,708,000	3,323,200	4,904,000	4,908,000	3,483,200	5,104,000	5,108,000	3,643,200
4,708,000	4,712,000	3,326,400	4,908,000	4,912,000	3,486,400	5,108,000	5,112,000	3,646,400
4,712,000	4,716,000	3,329,600	4,912,000	4,916,000	3,489,600	5,112,000	5,116,000	3,649,600
4,716,000	4,720,000	3,332,800	4,916,000	4,920,000	3,492,800	5,116,000	5,120,000	3,652,800
4,720,000	4,724,000	3,336,000	4,920,000	4,924,000	3,496,000	5,120,000	5,124,000	3,656,000
4,724,000	4,728,000	3,339,200	4,924,000	4,928,000	3,499,200	5,124,000	5,128,000	3,659,200
4,728,000	4,732,000	3,342,400	4,928,000	4,932,000	3,502,400	5,128,000	5,132,000	3,662,400
4,732,000	4,736,000	3,345,600	4,932,000	4,936,000	3,505,600	5,132,000	5,136,000	3,665,600
4,736,000	4,740,000	3,348,800	4,936,000	4,940,000	3,508,800	5,136,000	5,140,000	3,668,800
4,740,000	4,744,000	3,352,000	4,940,000	4,944,000	3,512,000	5,140,000	5,144,000	3,672,000
4,744,000	4,748,000	3,355,200	4,944,000	4,948,000	3,515,200	5,144,000	5,148,000	3,675,200
4,748,000	4,752,000	3,358,400	4,948,000	4,952,000	3,518,400	5,148,000	5,152,000	3,678,400
4,752,000	4,756,000	3,361,600	4,952,000	4,956,000	3,521,600	5,152,000	5,156,000	3,681,600
4,756,000	4,760,000	3,364,800	4,956,000	4,960,000	3,524,800	5,156,000	5,160,000	3,684,800
4,760,000	4,764,000	3,368,000	4,960,000	4,964,000	3,528,000	5,160,000	5,164,000	3,688,000
4,764,000	4,768,000	3,371,200	4,964,000	4,968,000	3,531,200	5,164,000	5,168,000	3,691,200
4,768,000	4,772,000	3,374,400	4,968,000	4,972,000	3,534,400	5,168,000	5,172,000	3,694,400

（七）

給与等の金額		給与所得控除後の給与等の金額	給与等の金額		給与所得控除後の給与等の金額	給与等の金額		給与所得控除後の給与等の金額
以 上	未 満		以 上	未 満		以 上	未 満	
円	円	円	円	円	円	円	円	円
5,172,000	5,176,000	3,697,600	5,372,000	5,376,000	3,857,600	5,572,000	5,576,000	4,017,600
5,176,000	5,180,000	3,700,800	5,376,000	5,380,000	3,860,800	5,576,000	5,580,000	4,020,800
5,180,000	5,184,000	3,704,000	5,380,000	5,384,000	3,864,000	5,580,000	5,584,000	4,024,000
5,184,000	5,188,000	3,707,200	5,384,000	5,388,000	3,867,200	5,584,000	5,588,000	4,027,200
5,188,000	5,192,000	3,710,400	5,388,000	5,392,000	3,870,400	5,588,000	5,592,000	4,030,400
5,192,000	5,196,000	3,713,600	5,392,000	5,396,000	3,873,600	5,592,000	5,596,000	4,033,600
5,196,000	5,200,000	3,716,800	5,396,000	5,400,000	3,876,800	5,596,000	5,600,000	4,036,800
5,200,000	5,204,000	3,720,000	5,400,000	5,404,000	3,880,000	5,600,000	5,604,000	4,040,000
5,204,000	5,208,000	3,723,200	5,404,000	5,408,000	3,883,200	5,604,000	5,608,000	4,043,200
5,208,000	5,212,000	3,726,400	5,408,000	5,412,000	3,886,400	5,608,000	5,612,000	4,046,400
5,212,000	5,216,000	3,729,600	5,412,000	5,416,000	3,889,600	5,612,000	5,616,000	4,049,600
5,216,000	5,220,000	3,732,800	5,416,000	5,420,000	3,892,800	5,616,000	5,620,000	4,052,800
5,220,000	5,224,000	3,736,000	5,420,000	5,424,000	3,896,000	5,620,000	5,624,000	4,056,000
5,224,000	5,228,000	3,739,200	5,424,000	5,428,000	3,899,200	5,624,000	5,628,000	4,059,200
5,228,000	5,232,000	3,742,400	5,428,000	5,432,000	3,902,400	5,628,000	5,632,000	4,062,400
5,232,000	5,236,000	3,745,600	5,432,000	5,436,000	3,905,600	5,632,000	5,636,000	4,065,600
5,236,000	5,240,000	3,748,800	5,436,000	5,440,000	3,908,800	5,636,000	5,640,000	4,068,800
5,240,000	5,244,000	3,752,000	5,440,000	5,444,000	3,912,000	5,640,000	5,644,000	4,072,000
5,244,000	5,248,000	3,755,200	5,444,000	5,448,000	3,915,200	5,644,000	5,648,000	4,075,200
5,248,000	5,252,000	3,758,400	5,448,000	5,452,000	3,918,400	5,648,000	5,652,000	4,078,400
5,252,000	5,256,000	3,761,600	5,452,000	5,456,000	3,921,600	5,652,000	5,656,000	4,081,600
5,256,000	5,260,000	3,764,800	5,456,000	5,460,000	3,924,800	5,656,000	5,660,000	4,084,800
5,260,000	5,264,000	3,768,000	5,460,000	5,464,000	3,928,000	5,660,000	5,664,000	4,088,000
5,264,000	5,268,000	3,771,200	5,464,000	5,468,000	3,931,200	5,664,000	5,668,000	4,091,200
5,268,000	5,272,000	3,774,400	5,468,000	5,472,000	3,934,400	5,668,000	5,672,000	4,094,400
5,272,000	5,276,000	3,777,600	5,472,000	5,476,000	3,937,600	5,672,000	5,676,000	4,097,600
5,276,000	5,280,000	3,780,800	5,476,000	5,480,000	3,940,800	5,676,000	5,680,000	4,100,800
5,280,000	5,284,000	3,784,000	5,480,000	5,484,000	3,944,000	5,680,000	5,684,000	4,104,000
5,284,000	5,288,000	3,787,200	5,484,000	5,488,000	3,947,200	5,684,000	5,688,000	4,107,200
5,288,000	5,292,000	3,790,400	5,488,000	5,492,000	3,950,400	5,688,000	5,692,000	4,110,400
5,292,000	5,296,000	3,793,600	5,492,000	5,496,000	3,953,600	5,692,000	5,696,000	4,113,600
5,296,000	5,300,000	3,796,800	5,496,000	5,500,000	3,956,800	5,696,000	5,700,000	4,116,800
5,300,000	5,304,000	3,800,000	5,500,000	5,504,000	3,960,000	5,700,000	5,704,000	4,120,000
5,304,000	5,308,000	3,803,200	5,504,000	5,508,000	3,963,200	5,704,000	5,708,000	4,123,200
5,308,000	5,312,000	3,806,400	5,508,000	5,512,000	3,966,400	5,708,000	5,712,000	4,126,400
5,312,000	5,316,000	3,809,600	5,512,000	5,516,000	3,969,600	5,712,000	5,716,000	4,129,600
5,316,000	5,320,000	3,812,800	5,516,000	5,520,000	3,972,800	5,716,000	5,720,000	4,132,800
5,320,000	5,324,000	3,816,000	5,520,000	5,524,000	3,976,000	5,720,000	5,724,000	4,136,000
5,324,000	5,328,000	3,819,200	5,524,000	5,528,000	3,979,200	5,724,000	5,728,000	4,139,200
5,328,000	5,332,000	3,822,400	5,528,000	5,532,000	3,982,400	5,728,000	5,732,000	4,142,400
5,332,000	5,336,000	3,825,600	5,532,000	5,536,000	3,985,600	5,732,000	5,736,000	4,145,600
5,336,000	5,340,000	3,828,800	5,536,000	5,540,000	3,988,800	5,736,000	5,740,000	4,148,800
5,340,000	5,344,000	3,832,000	5,540,000	5,544,000	3,992,000	5,740,000	5,744,000	4,152,000
5,344,000	5,348,000	3,835,200	5,544,000	5,548,000	3,995,200	5,744,000	5,748,000	4,155,200
5,348,000	5,352,000	3,838,400	5,548,000	5,552,000	3,998,400	5,748,000	5,752,000	4,158,400
5,352,000	5,356,000	3,841,600	5,552,000	5,556,000	4,001,600	5,752,000	5,756,000	4,161,600
5,356,000	5,360,000	3,844,800	5,556,000	5,560,000	4,004,800	5,756,000	5,760,000	4,164,800
5,360,000	5,364,000	3,848,000	5,560,000	5,564,000	4,008,000	5,760,000	5,764,000	4,168,000
5,364,000	5,368,000	3,851,200	5,564,000	5,568,000	4,011,200	5,764,000	5,768,000	4,171,200
5,368,000	5,372,000	3,854,400	5,568,000	5,572,000	4,014,400	5,768,000	5,772,000	4,174,400

(八)

給与等の金額		給与所得控除後の給与等の金額	給与等の金額		給与所得控除後の給与等の金額	給与等の金額		給与所得控除後の給与等の金額
以 上	未 満		以 上	未 満		以 上	未 満	
円	円	円	円	円	円	円	円	円
5,772,000	5,776,000	4,177,600	5,972,000	5,976,000	4,337,600	6,172,000	6,176,000	4,497,600
5,776,000	5,780,000	4,180,800	5,976,000	5,980,000	4,340,800	6,176,000	6,180,000	4,500,800
5,780,000	5,784,000	4,184,000	5,980,000	5,984,000	4,344,000	6,180,000	6,184,000	4,504,000
5,784,000	5,788,000	4,187,200	5,984,000	5,988,000	4,347,200	6,184,000	6,188,000	4,507,200
5,788,000	5,792,000	4,190,400	5,988,000	5,992,000	4,350,400	6,188,000	6,192,000	4,510,400
5,792,000	5,796,000	4,193,600	5,992,000	5,996,000	4,353,600	6,192,000	6,196,000	4,513,600
5,796,000	5,800,000	4,196,800	5,996,000	6,000,000	4,356,800	6,196,000	6,200,000	4,516,800
5,800,000	5,804,000	4,200,000	6,000,000	6,004,000	4,360,000	6,200,000	6,204,000	4,520,000
5,804,000	5,808,000	4,203,200	6,004,000	6,008,000	4,363,200	6,204,000	6,208,000	4,523,200
5,808,000	5,812,000	4,206,400	6,008,000	6,012,000	4,366,400	6,208,000	6,212,000	4,526,400
5,812,000	5,816,000	4,209,600	6,012,000	6,016,000	4,369,600	6,212,000	6,216,000	4,529,600
5,816,000	5,820,000	4,212,800	6,016,000	6,020,000	4,372,800	6,216,000	6,220,000	4,532,800
5,820,000	5,824,000	4,216,000	6,020,000	6,024,000	4,376,000	6,220,000	6,224,000	4,536,000
5,824,000	5,828,000	4,219,200	6,024,000	6,028,000	4,379,200	6,224,000	6,228,000	4,539,200
5,828,000	5,832,000	4,222,400	6,028,000	6,032,000	4,382,400	6,228,000	6,232,000	4,542,400
5,832,000	5,836,000	4,225,600	6,032,000	6,036,000	4,385,600	6,232,000	6,236,000	4,545,600
5,836,000	5,840,000	4,228,800	6,036,000	6,040,000	4,388,800	6,236,000	6,240,000	4,548,800
5,840,000	5,844,000	4,232,000	6,040,000	6,044,000	4,392,000	6,240,000	6,244,000	4,552,000
5,844,000	5,848,000	4,235,200	6,044,000	6,048,000	4,395,200	6,244,000	6,248,000	4,555,200
5,848,000	5,852,000	4,238,400	6,048,000	6,052,000	4,398,400	6,248,000	6,252,000	4,558,400
5,852,000	5,856,000	4,241,600	6,052,000	6,056,000	4,401,600	6,252,000	6,256,000	4,561,600
5,856,000	5,860,000	4,244,800	6,056,000	6,060,000	4,404,800	6,256,000	6,260,000	4,564,800
5,860,000	5,864,000	4,248,000	6,060,000	6,064,000	4,408,000	6,260,000	6,264,000	4,568,000
5,864,000	5,868,000	4,251,200	6,064,000	6,068,000	4,411,200	6,264,000	6,268,000	4,571,200
5,868,000	5,872,000	4,254,400	6,068,000	6,072,000	4,414,400	6,268,000	6,272,000	4,574,400
5,872,000	5,876,000	4,257,600	6,072,000	6,076,000	4,417,600	6,272,000	6,276,000	4,577,600
5,876,000	5,880,000	4,260,800	6,076,000	6,080,000	4,420,800	6,276,000	6,280,000	4,580,800
5,880,000	5,884,000	4,264,000	6,080,000	6,084,000	4,424,000	6,280,000	6,284,000	4,584,000
5,884,000	5,888,000	4,267,200	6,084,000	6,088,000	4,427,200	6,284,000	6,288,000	4,587,200
5,888,000	5,892,000	4,270,400	6,088,000	6,092,000	4,430,400	6,288,000	6,292,000	4,590,400
5,892,000	5,896,000	4,273,600	6,092,000	6,096,000	4,433,600	6,292,000	6,296,000	4,593,600
5,896,000	5,900,000	4,276,800	6,096,000	6,100,000	4,436,800	6,296,000	6,300,000	4,596,800
5,900,000	5,904,000	4,280,000	6,100,000	6,104,000	4,440,000	6,300,000	6,304,000	4,600,000
5,904,000	5,908,000	4,283,200	6,104,000	6,108,000	4,443,200	6,304,000	6,308,000	4,603,200
5,908,000	5,912,000	4,286,400	6,108,000	6,112,000	4,446,400	6,308,000	6,312,000	4,606,400
5,912,000	5,916,000	4,289,600	6,112,000	6,116,000	4,449,600	6,312,000	6,316,000	4,609,600
5,916,000	5,920,000	4,292,800	6,116,000	6,120,000	4,452,800	6,316,000	6,320,000	4,612,800
5,920,000	5,924,000	4,296,000	6,120,000	6,124,000	4,456,000	6,320,000	6,324,000	4,616,000
5,924,000	5,928,000	4,299,200	6,124,000	6,128,000	4,459,200	6,324,000	6,328,000	4,619,200
5,928,000	5,932,000	4,302,400	6,128,000	6,132,000	4,462,400	6,328,000	6,332,000	4,622,400
5,932,000	5,936,000	4,305,600	6,132,000	6,136,000	4,465,600	6,332,000	6,336,000	4,625,600
5,936,000	5,940,000	4,308,800	6,136,000	6,140,000	4,468,800	6,336,000	6,340,000	4,628,800
5,940,000	5,944,000	4,312,000	6,140,000	6,144,000	4,472,000	6,340,000	6,344,000	4,632,000
5,944,000	5,948,000	4,315,200	6,144,000	6,148,000	4,475,200	6,344,000	6,348,000	4,635,200
5,948,000	5,952,000	4,318,400	6,148,000	6,152,000	4,478,400	6,348,000	6,352,000	4,638,400
5,952,000	5,956,000	4,321,600	6,152,000	6,156,000	4,481,600	6,352,000	6,356,000	4,641,600
5,956,000	5,960,000	4,324,800	6,156,000	6,160,000	4,484,800	6,356,000	6,360,000	4,644,800
5,960,000	5,964,000	4,328,000	6,160,000	6,164,000	4,488,000	6,360,000	6,364,000	4,648,000
5,964,000	5,968,000	4,331,200	6,164,000	6,168,000	4,491,200	6,364,000	6,368,000	4,651,200
5,968,000	5,972,000	4,334,400	6,168,000	6,172,000	4,494,400	6,368,000	6,372,000	4,654,400

(九)

給与等の金額		給与所得控除後の給与等の金額	給与等の金額		給与所得控除後の給与等の金額	給与等の金額		給与所得控除後の給与等の金額
以 上	未 満		以 上	未 満		以 上	未 満	
円	円	円	円	円	円	円	円	
6,372,000	6,376,000	4,657,600	6,492,000	6,496,000	4,753,600	6,600,000	8,500,000	給与等の金額に90％を乗じて算出した金額から1,100,000円を控除した金額
6,376,000	6,380,000	4,660,800	6,496,000	6,500,000	4,756,800			
6,380,000	6,384,000	4,664,000	6,500,000	6,504,000	4,760,000			
6,384,000	6,388,000	4,667,200	6,504,000	6,508,000	4,763,200			
6,388,000	6,392,000	4,670,400	6,508,000	6,512,000	4,766,400			
6,392,000	6,396,000	4,673,600	6,512,000	6,516,000	4,769,600	8,500,000		給与等の金額から1,950,000円を控除した金額
6,396,000	6,400,000	4,676,800	6,516,000	6,520,000	4,772,800			
6,400,000	6,404,000	4,680,000	6,520,000	6,524,000	4,776,000			
6,404,000	6,408,000	4,683,200	6,524,000	6,528,000	4,779,200			
6,408,000	6,412,000	4,686,400	6,528,000	6,532,000	4,782,400			
6,412,000	6,416,000	4,689,600	6,532,000	6,536,000	4,785,600			
6,416,000	6,420,000	4,692,800	6,536,000	6,540,000	4,788,800			
6,420,000	6,424,000	4,696,000	6,540,000	6,544,000	4,792,000			
6,424,000	6,428,000	4,699,200	6,544,000	6,548,000	4,795,200			
6,428,000	6,432,000	4,702,400	6,548,000	6,552,000	4,798,400			
6,432,000	6,436,000	4,705,600	6,552,000	6,556,000	4,801,600			
6,436,000	6,440,000	4,708,800	6,556,000	6,560,000	4,804,800			
6,440,000	6,444,000	4,712,000	6,560,000	6,564,000	4,808,000			
6,444,000	6,448,000	4,715,200	6,564,000	6,568,000	4,811,200			
6,448,000	6,452,000	4,718,400	6,568,000	6,572,000	4,814,400			
6,452,000	6,456,000	4,721,600	6,572,000	6,576,000	4,817,600			
6,456,000	6,460,000	4,724,800	6,576,000	6,580,000	4,820,800			
6,460,000	6,464,000	4,728,000	6,580,000	6,584,000	4,824,000			
6,464,000	6,468,000	4,731,200	6,584,000	6,588,000	4,827,200			
6,468,000	6,472,000	4,734,400	6,588,000	6,592,000	4,830,400			
6,472,000	6,476,000	4,737,600	6,592,000	6,596,000	4,833,600			
6,476,000	6,480,000	4,740,800	6,596,000	6,600,000	4,836,800			
6,480,000	6,484,000	4,744,000						
6,484,000	6,488,000	4,747,200						
6,488,000	6,492,000	4,750,400						

注 例えば、「給与等の金額」が700万円の場合には、給与所得の金額は、次のようになります。

　（給与等の金額）　（割合）　（控除額）　（給与所得の金額）
　　7,000,000円　×　90％　－　1,100,000円　＝　5,200,000円

　　また、「給与等の金額」が1,000万円の場合には、給与所得の金額は、次のようになります。

　（給与等の金額）　（控除額）　（給与所得の金額）
　　10,000,000円　－　1,950,000円　＝　8,050,000円

用　語　索　引

〔著者略歴〕

小田 満（おだ　みつる）
　　昭和50年　税務大学校本科卒業
　　昭和56年　税務大学校研究科卒業
　　国税庁勤務通算22年の後、町田・横浜南・板橋の各税務署長
　　を経て、平成19年税理士登録
　　平成22・23年度税理士試験委員
　　平成23〜28年度税理士桜友会専門相談員
　　現在　税理士・行政書士・事業承継コンサルタント

【主な著書】
『金融商品種類別の所得税の要点解説』（大蔵財務協会）
『所得税重要項目詳解』（大蔵財務協会）
『国境を越える個人所得課税の要点解説』（大蔵財務協会）
『国税ＯＢによる税務の主要テーマの重点解説Ⅰ・Ⅱ』（大蔵財務協会・共著）
『税理士が知っておきたい 事業承継 50 のポイント』（大蔵財務協会）
三訂版『Ｑ＆Ａ業種別の特殊事情に係る所得税実務』（税務経理協会）
三訂版『農家の所得税』（全国農業会議所）

令和６年度版　□基礎から身につく所得税□

令和６年６月18日　初版発行

不　許
複　製

著　者　小　田　　満

（一財）大蔵財務協会　理事長
発行者　木　村　幸　俊

発行所　一般財団法人　大蔵財務協会
〔郵便番号　130-8585〕
東京都墨田区東駒形1丁目14番1号
（販　売　部）TEL03（3829）4141・FAX03（3829）4001
（出版編集部）TEL03（3829）4142・FAX03（3829）4005
http://www.zaikyo.or.jp

乱丁・落丁はお取替えいたします。　　　　　印刷　恵友社
ISBN978-4-7547-3208-0